经济学数字化学习教程系列

微观经济学 数字化学习教程

董长瑞　倪国华　主　编

李　剑　邢宏建　田玉丽　杨　丽　副主编

中国财经出版传媒集团

经济科学出版社

Economic Science Press

图书在版编目（CIP）数据

微观经济学数字化学习教程/董长瑞，倪国华主编
. —北京：经济科学出版社，2022.3
经济学数字化学习教程系列
ISBN 978 - 7 - 5218 - 3522 - 9

Ⅰ.①微…　Ⅱ.①董…②倪…　Ⅲ.①微观经济学 -
数字化 - 高等学校 - 教材　Ⅳ.①F016 - 39

中国版本图书馆 CIP 数据核字（2022）第 049466 号

责任编辑：于　源　陈　晨
责任校对：杨　海
责任印制：范　艳

微观经济学数字化学习教程

主　编　董长瑞　倪国华
副主编　李　剑　邢宏建　田玉丽　杨　丽
经济科学出版社出版、发行　新华书店经销
社址：北京市海淀区阜成路甲 28 号　邮编：100142
总编部电话：010 - 88191217　发行部电话：010 - 88191522
网址：www. esp. com. cn
电子邮箱：esp@ esp. com. cn
天猫网店：经济科学出版社旗舰店
网址：http://jjkxcbs. tmall. com
北京季蜂印刷有限公司印装
787 × 1092　16 开　13.5 印张　250000 字
2022 年 3 月第 1 版　2022 年 3 月第 1 次印刷
ISBN 978 - 7 - 5218 - 3522 - 9　定价：52.00 元
（图书出现印装问题，本社负责调换。电话：010 - 88191510）
（版权所有　侵权必究　打击盗版　举报热线：010 - 88191661
QQ：2242791300　营销中心电话：010 - 88191537
电子邮箱：dbts@ esp. com. cn）

经济学数字化学习教程丛书编委会

《经济学数字化学习教程系列》总序

改革开放以来，随着经济社会的发展，中国经济学的教育、教学取得了长足的进步，涌现出不少优秀的经济学教材，大大推动了经济学在中国的传播、普及和发展。但近年来，随着现代化建设的迅猛发展和教学方法、教学手段的不断创新，尤其是数字化时代的到来，经济学的教育、教学也面临新的挑战。

一是教育思想、教育观念已经发生了重大转变，更加重视素质教育，强调训练学生的经济学直觉，培养学生的辩证性思维能力，使之能够运用经济学的研究方法观察、分析和解释现实生活中的经济现象和问题，这就要求教师的教学要向深度拓展，具有前沿性和前瞻性。但对于初学者而言，经济学类课程的理论性比较强，内容也比较抽象，自主学习中往往不能准确地把握具体的概念和原理，系统地形成清晰的知识框架体系，而相关的教辅类教材目前市面上还比较少。二是现代化教学手段、教学模式的广泛应用，尤其是数字化时代的来临，在给教育、教学提供了空前的便利与支持的同时，也给教与学的模式带来了革命性的挑战，过去以教师为中心的传统的单向传播式的教学模式将逐渐过渡为现代的交互式的教学模式，学生的学习也由被动学习变为主动自主学习，这就对教材的编写提出了新的要求。

面对这些挑战，为了辅助学生的自主学习，协助学生构建自己的知识体系，我们在认真调研高等学校经管专业本科培养方案和课程教学大纲的基础上，组织长期在一线从事经济学教学和科研的学术带头人、教学名师，结合自身多年的教学经验和教学感悟，通过融入数字化技术编写了这一套集内容、视频讲解和配套练习三位一体的经济学教辅类教材，以期能在教师的教与学生的学之间真正架起一座桥梁，帮助学生理解经济学基本原理的含义、夯实经济学理论基础，有效促进教学互动、教学相长。

这套学习教程涵盖了经济学专业所有的基础课、主干课、核心课，包括《马克思主义政治经济学概论数字化学习教程》《微观经济学数字化学习教程》《宏观经济学数字化学习教程》等共10本。通过该系列教程的学习，学生可以理解经济学的发展演变规律，掌握经济学的基础理论，提升经济思维能力，从而打下厚实的经济学理论功底。

这套学习教程的编写特色主要体现在：第一，形式新颖，集简明扼要的概括、深入透彻的解析和形象化的视频为一体，不仅首次增加"视频讲解"内容，通过扫码观看视频将课堂教学直接呈现在教材中，还采用结构式描述的方法（即知识点加解读的方式）对相关理论进行介绍，使其易懂、易学、易记。第二，定位明确，强调基础知识、基本理论、基本技能，同时充分吸收国内外优秀教材的优点，做到内容简明扼要、条理清晰、便于自学。第三，每一个知识点均有同步配套的练习及讲解，每一章也安排了本章习题及详细的分析解答，有助于学生消化和掌握所学的内容，深化对理论的理解。

在新的历史时期，我们希望通过这套数字化学习教程的出版，为进一步提高经济学教学质量、中国经济学教学的改革和发展贡献一份力量。

经济学数字化学习教程丛书编委会

前　言

　　"微观经济学"是高等院校经济类和管理类专业的基础课，主要研究市场经济条件下各经济主体的经济行为，进而说明现代市场经济的运行机制及其缺陷，其所介绍的现代经济学的基本概念、原理和方法，为其他财经类专业课程的学习提供了必备的知识和工具。但由于微观经济学理论性较强，内容比较抽象，需要学生具备较高的分析概括能力，对初学者来说具有一定的难度。尽管随着国内高校经济学课程的普及，市面上已出版了不少的微观经济学教材，但针对微观经济学的教辅类教材还相对较少。为方便学生学习和使用，我们在结合近几年线上线下混合教学改革和课程思政教学改革实践的基础上，通过融入数字化技术编写了本教材。

　　本教材打通了课前预习、课堂学习和课后复习各环节，以简明扼要的概括、深入透彻的解析和形象化的视频编写了一个集知识内容、视频讲解和配套练习"三位一体"的特色教材，力求在把重点概念讲清讲透的基础上，能引导学生理解经济学基本原理的含义，提高其运用理论进行分析的能力。该教材具有以下主要特点：一是增加"视频讲解"，通过扫码观看视频将课堂教学直接呈现给学生，不仅利于学生的反复学习，还能激发其学习兴趣。二是采用结构式描述（即知识点加解读的方式）重塑教材原有的内容，使其易读、易懂、易学、易记。三是同步配套知识点练习与本章习题，使学用结合，有效提升学生的学习效果。

　　本教材以目前国内各高校广泛使用的马克思主义理论研究和建设工程（以下简称"马工程"）的《西方经济学》中微观经济学部分为线索，分八章论述。每章包括三大部分：第一部分包括学习目标、本章概要和本章知识结构逻辑图，对本章在全书中的地位、主要内容、关键的知识点和内在的逻辑结构进行介绍，帮助学生对各章有一个总体的认识；第二部分是各章具体的内容，对每一节的知识点进行归纳整理、视频讲解、要点解读并提供配套练习，帮助学生深入理解和掌握有关的概念、原理；第三部分不仅安排了本章习题，还提供了详细的分析和解答，帮助学生巩固和提高对本章相关知识的掌握。

本教材既可作为高等院校学生学习微观经济学课程的配套教材，也适合参加经济类研究生入学考试的学生复习之用，而且对从事经济学教学、研究的老师也具有一定的参考价值。本教材由山东财经大学、北京工商大学、聊城大学等学校长期从事微观经济学教学的教师编写。董长瑞、倪国华担任主编，李剑、邢宏建、田玉丽、杨丽担任副主编。

本教材文字部分分工为：导论由董长瑞、李剑负责编写，第一章由邵瑛瑛、倪国华负责编写，第二章由杨丽、周红云负责编写，第三章由贾庆英、王瑞雪负责编写，第四章由李剑、董长瑞负责编写，第五章由邢宏建、朱世英负责编写，第六章由初佳颖、韩科峰负责编写，第七章由齐杨、苏清芳负责编写，第八章由张欣欣、田玉丽负责编写；视频部分分工为：导论由董长瑞、李剑录制，第一章由朱世英、于凤芹录制，第二章由张远超录制，第三章由贾庆英、杨丽、李剑录制，第四章由王志芳录制，第五章由邢宏建、邵瑛瑛录制，第六章由初佳颖录制，第七章由齐杨录制，第八章由梁德智录制。

本教材在编写过程中参考了大量的国内外知名教材、笔记讲义和习题集，还参考了部分高校的考试、考研题库，在此一并表示感谢。此外，经济科学出版社为本书的出版作出了极大的努力，不仅参与了最初的策划，还对本书的出版一直寄予厚望，并提出了许多建设性意见，对此我们深表谢意。

由于时间紧迫，囿于水平，书中可能存在某些纰漏，恳请同行及读者斧正。

编　者

2021 年 12 月 29 日

目　录

导　论

学习目标

通过本章的学习，学生应理解：
- 西方经济学的由来和发展
- 西方经济学的研究对象
- 西方经济学的研究方法
- 西方经济学的研究内容

本章概要

本章围绕"什么是西方经济学?""西方经济学是怎样发展演变来的?""西方经济学的研究对象和研究方法是什么?"等一系列问题，对西方经济学的一些预备知识进行了介绍，使学生对西方经济学有个初步的认识。

第一节　什么是西方经济学

本节不仅对本书要介绍的西方经济学进行了明确的界定，还对其理论体系进行了简单的介绍。

本书介绍的西方经济学主要是指自 20 世纪 30 年代以来流行于西方国家并成为这些国家经济政策理论基础的主流经济学。其理论体系一般包括微观经济学与宏观经济学两大部分（见表 0-1）。

西方经济学的
界定

表 0 - 1　　　　　　　微观经济学与宏观经济学的比较

项目	微观经济学	宏观经济学
研究对象	单个经济主体的经济行为	整个国民经济的总体活动
核心理论	价格理论	国民收入决定理论
主要内容	• 均衡价格理论 • 消费者行为理论 • 生产者行为理论 • 厂商均衡理论 • 收入分配理论 • 一般均衡理论与福利经济学 • 市场失灵与微观经济政策	• 国民收入决定理论 • 失业与通货膨胀理论 • 经济周期与经济增长理论 • 宏观经济政策 • 开放经济理论
研究方法	个量分析	总量分析

微观经济学和
宏观经济学

习题

　　微观经济学以单个经济主体（如单个消费者，单个厂商等）为考察对象，通过研究单个经济主体如何作出选择、如何在市场上相互作用来揭示市场的运行机制以及政府可采取的微观调节政策。

　　宏观经济学以整个国民经济活动为考察对象，通过研究社会经济中有关经济总量（如总收入、总就业量、总的物价水平等）的决定、变化及相互关系来揭示总体经济的运行规律以及政府可实施的干预政策。

【本节应掌握知识点】
- 西方经济学的界定
- 西方经济学的理论体系

第二节　西方经济学的由来和发展

习题

　　本节主要对西方经济学产生和发展的脉络进行了梳理。

　　西方经济理论的发展演变，大体经历了重商主义（15 世纪至 17 世纪中叶）、古典经济学（17 世纪中叶至 19 世纪中后期）、新古典经济学（19 世纪至 20 世纪初期）、当代西方经济学（20 世纪 30 年代至今）四个大的发展阶段。

一、重商主义

　　15 世纪末，西欧国家通过地理大发现扩大了世界市场，给工商业、航海业以极大的刺激，伴随着商业资本的发展和国家支持商业资本政策的实施，逐渐形成了重商主义的理论，其主要代表人物是法国的经济学家蒙克莱田，他在《献给国王和王太后的政治经济学》一书中阐述了国家应当管理社会经济活动的思想。

重商主义认为，金银是财富唯一的形态，它只能来自对外贸易活动，因此主张国家鼓励国内工商业的发展，对海外贸易活动进行积极干预，奖励出口，限制进口，以便积累国民财富。重商主义产生和发展于封建制度瓦解和资本原始积累时期，是西方经济学的萌芽阶段。由于历史条件的限制，重商主义者只对贸易（特别是对外贸易）即流通过程进行了研究，并未真正深入研究生产过程，也未触及资本主义生产方式的本质。

二、古典经济学

从 17 世纪中叶至 18 世纪中叶，随着英、法等国资本主义生产方式的逐步确立，代表新兴资产阶级思想和利益的古典经济学理论体系应运而生。古典经济学的奠基者配第从英国的具体国情出发，最早对资本主义的生产领域进行了研究。在此基础上，亚当·斯密在《国民财富的性质和原因的研究》一书中系统论述了劳动价值论、分工理论和"看不见的手"等经济理论，初步形成了古典经济学体系。大卫·李嘉图进一步丰富和完善了斯密的劳动价值论和分配理论，出版了《政治经济学及赋税原理》，标志着古典经济学的最后完成。总的来看，这一阶段的古典经济学对经济作了初步的科学分析，不仅提出了劳动创造价值的观点，还对收入分配理论作了初步探索，在政策上主张经济自由放任，反对政府干预。但由于受其阶级局限性的影响，古典经济学未能揭示资本主义生产方式的本质。

到了 19 世纪 30 年代，随着资本主义社会阶级矛盾的尖锐化，萨伊等人放弃了古典经济学的劳动价值论，而穆勒等人选择采取折衷主义的手法调和劳资矛盾，使古典经济学在后期阶段逐渐走向分化和解体。

三、新古典经济学

19 世纪后期随着生产力的迅速发展和资本主义社会经济危机的频繁发生，西方经济学的研究内容、研究侧重点和研究方法都发生了变化，在"边际革命"基础上发展起来的新古典经济学取代了古典经济学成为居主导地位的资产阶级经济理论。他们以边际效用价值论、一般均衡论和边际生产力论为主要内容，以数理分析、边际分析为主要工具，以个量分析和静态分析为特点，逐步形成了比较完整的微观经济学体系。在对这些理论进行综合、发展的基础上，1890 年英国经济学家马歇尔出版了《经济学原理》一书，标志着新古典经济学的最终完成。

新古典经济学在继承古典经济学经济自由主义的同时，以边际效用价值论代替了古典经济学的劳动价值论，以需求为核心的分析代替了古典经济学以供给为核心的分析，并将研究重心转移至微观领域，其对市场、价格的分析奠定了现代微观经济学理论的基本框架。

四、当代西方经济学

1929～1933 年的大萧条给整个资本主义经济以沉重的打击，使许多西方学者开始反思已有的经济理论。凯恩斯在《就业、利息和货币通论》一书中摒弃了经济具有自动恢复均衡机制的传统观点，主张政府应干预经济的运行，实行以刺激需求为核心的需求管理，这标志着现代宏观经济学的诞生。在随后的 40 年里，许多学者不断地对其进行补充、完善和发展，形成了一套较为完整的宏观经济调节政策。在此基础上，萨缪尔森将马歇尔的微观经济学与凯恩斯的宏观经济学综合在一起，构建了新古典综合派的理论体系，直到 20 世纪 60 年代该理论都在西方经济学中居于主流地位。

20 世纪 70 年代资本主义国家出现了滞胀现象，对此，凯恩斯的宏观经济学理论不仅无法予以解释而且也开不出相应的政策菜单。于是，一些学者重新回归到古典经济学的思想，信奉经济自由主义，反对国家干预，形成了新古典主义宏观经济学；还有一些学者吸收借鉴新古典宏观经济学的研究方法进一步修正完善了凯恩斯主义的宏观经济理论，形成了新凯恩斯主义学派。至此，西方经济学在宏观经济学领域形成了新古典宏观经济学和新凯恩斯主义两大主流学派并驾齐驱的局面。前者从市场出清出发，认为市场机制稳定、政策是无效的，而后者则从工资与物价的刚性出发，认为市场不能出清、政策是有效的。

进入 21 世纪，特别是 2007 年全球金融危机的爆发，使新自由主义思潮受到冲击和质疑，这两大主流学派日益呈现出不断整合、融合的趋势。

五、微观经济学与宏观经济学的新发展

现代微观经济学的新发展主要表现在：对传统微观经济学的基本假定进行系统反思，在经济主体的同质性、完全竞争、信息完全和确定性等基本假设上做出了修正与发展；研究主体、研究范围以及研究方法呈现出更加多元化和泛化的特征，即经济学理论自身的深化以及向非经济学领域的拓展。

现代宏观经济学的新发展主要表现在：动态随机一般均衡（DSGE）分析方法的广泛运用；行为宏观经济学的兴起，即力图将行为主义分析方法和"动物精神"引入宏观经济学分析；发展经济学和增长经济学呈现融合的趋向。

第三节　西方经济学的研究对象

本节主要讨论西方经济学要研究和解决的主要问题。

西方经济学的
研究对象

一、资源的稀缺性与西方经济学的研究起点

资源的稀缺性（scarcity）是指经济资源总是不能满足人类无穷无尽的欲望这一事实。从这一点出发，西方经济学认为，由于在一定时期内，相对于人们的欲望而言，经济资源的供给总是不足的，因此人类的欲望不能全部得到满足，而如何有效地使用资源以满足人们的需要就成为经济学必须研究的课题。

习题

【知识点解读】

资源的稀缺性是相对的，即它不是指物品或资源绝对数量的多少，而是指可用的物品或资源与人们的欲望相比总是显得不足；资源的稀缺性又是绝对的，因为它存在于一切社会。

二、西方经济学的研究对象

从资源稀缺性出发，经过长期的发展西方经济学将研究对象确定为资源的合理配置和有效利用问题，所谓资源配置（allocation of resources），就是如何进行选择，以稀缺的资源来生产各种物品，并在社会成员之间进行分配，具体包括生产什么、如何生产和为谁生产三个基本问题。由于仅仅依靠市场调节不能完全解决资源有效配置和利用问题，因此现代西方经济学还会研究政府对经济的调节政策。

【知识点解读】

与马克思主义政治经济学不同，西方经济学以资源的稀缺性为起点讨论资源配置和财富分配问题时，把生产中人与物的关系作为研究对象，完全撇开了生产中人与人之间的关系，导致其对资源配置和利用的研究具有一定的片面性。并且在不同的经济体制下，政府和市场的结合程度和方式不同，资源配置、利用的方式和效率就会存在差异，而西方经济学研究的是在资本主义市场经济体制这个大前提下资源的配置和利用问题。

【本节应掌握知识点】
- 资源的稀缺性
- 西方经济学的研究对象

第四节　西方经济学的研究方法

本节主要讨论西方经济学的方法论和采用的具体研究方法。

一、西方经济学的方法论

西方经济学的研究方法

习题

西方主流经济学家主要采用方法论个人主义进行经济学研究，他们认为：社会是由个人组成的，社会活动中的任何行为都是由个人作出的，只有进行个体分析才能真正理解社会现象及其本质，因此对社会现象的分析应当是从个人到社会，而不是从社会到个人。

方法论个人主义在西方经济学中的运用主要体现在其"经济人"（economic man）的基本假设上，即假定在经济活动中的经济个体是理性的、自利的，总是以利己为动机，选择以最小代价换取最大利益的最优化行为。

【知识点解读】
经济人假设的理解需要注意，经济个体是理性的、自利的不等同于通常意义上所说的"自私自利"，更不能与"损人利己"画等号。

二、西方经济学的具体研究方法

西方经济学分析现实问题最常采用的技术方法是建立模型，模型是描述和分析所研究的经济现象之间依存关系的理论结构，可以用数学、文字和图形来表示。模型的构建通常包括观察与测量、作出假定、建立模型（确定内生变量、外生变量）、检验模型、预测等步骤。

按照是否以某一价值判断标准为前提，西方经济学中的研究方法可分为实证分析和规范分析。实证分析（positive analysis）研究"是什么"的问题，是试图超脱或排除人们对事物的主观价值判断，如实地描述经济活动，揭示有关经济变量之间的相互关系和因果关系，分析和预测人们经济行为效果的研究方法。规范分析（normative analysis）研究"应该是什么"的问题，是从一定的价值判断出发，提出某些标准作为分析处理经济问题的准则，并以此为基础探讨符合这些标准途径的研究方法。

均衡分析（equilibrium analysis）就是在假定其他条件不变的前提下，考察经济体系达到均衡时出现的状态以及实现均衡状态所需的条件。均衡分析可分为局部均衡分析和一般均衡分析。局部均衡分析（partial equilibrium analysis）在考察一种商品的价格决定时，总是假定"其他条件不变"，即假定该种商品的价格不受其他商品的价格和供求的影响，仅取决于其本身的供求状况，用于单个市场的均衡分析。一般均衡分析（general equilibrium analysis）在考察一种商品的价格决定时，不仅考虑其本身的供给与需求，而且还要考虑其他商品的价格及供求情况，用于多个市场的均衡分析。

从是否考虑时间因素的角度，西方经济学中的研究方法可分为静态分析、比较静态分析和动态分析。静态分析（static analysis），是分析经济现象的均衡状态以及有关的经济变量达到均衡状态所需要的条件，该方法舍弃掉了时间因素和具体变动的过程，是一种静止孤立地考察经济现象的方法；比较静态分析（comparative static analysis），是分析在已知条件发生变化后经济现象均衡状态的相应变化，以及有关的经济变量在达到新的均衡状态时的相应变化，其实质是对经济现象中有关经济变量一次变动的前后进行比较，不涉及转变期间和具体变动过程本身的情况；动态分析（dynamic analysis），是对经济体系的实际发展和变化过程进行分析，重在考察时间因素的影响，并把经济现象的变化置于时间过程中进行研究。

边际分析（marginal analysis）是通过研究经济运行中一个经济变量的微小变动会对其他经济变量产生的影响，来分析各经济变量之间相互关系及变化过程的研究方法。

【知识点解读】

实证分析和规范分析是两种不同的分析方法，它们既有区别也有联系，如表 0-2 所示。

静态分析、比较静态分析和动态分析的区别主要在于是否考察了时间因素。静态分析不仅不区分经济变量的时间先后，把它们仅看成既定时点的变量，而且还略去变量调整所需要的时间和过程。比较静态分析尽管不考察变量调整所需要的时间和过程，但需要考察外生变量变化后，对均衡状态所产生的影响。与静态分析和比较静态分析不同，动态分析则要考察经济的实际变化过程。

表 0 − 2　　　　　　　　实证分析和规范分析对比

	项目	实证分析	规范分析
区别	研究的前提	不预设价值判断	预设价值判断
	回答的问题	是什么	应该是什么
	命题的客观性	一般可以验证	与价值判断有关，无法验证
联系		以规范分析为前提	以实证分析为基础

【本节应掌握知识点】

- 经济人假设
- 经济模型
- 实证分析、规范分析
- 一般均衡分析、局部均衡分析
- 静态分析、比较静态分析、动态分析
- 边际分析

本章练习题

单项选择题解析

一、单项选择题

1. 稀缺性是指（　　）。

A. 生产家具的木材太少

B. 生产粮食的土地太少

C. 可用的经济资源与人类的欲望相比总是显得不足

D. 生产力不发达造成了物品供给不足

2. 以下属于资源配置问题的是（　　）。

A. 失业率高低

B. 通货膨胀率高低

C. 为谁生产

D. 经济增长率的高低

3. 以下问题中哪些不是微观经济学所考察的问题？（　　）

A. 一个厂商的产量水平

B. 失业率的上升和下降

C. 某一行业中雇佣工人的数量

D. 抬高消费税的税率对商品销售的影响

4. 下面属于规范分析命题的是（　　）。

A. 通货膨胀和失业是由什么引起的

B. 降低失业率比抑制通货膨胀更重要

C. 消费者如何对降低的价格做出反应

D. 消费和储蓄之间的关系是什么

5. 下面属于实证分析命题的是（　　）。

A. 货物税会引起商品的价格上升

B. 收入分配差距不应太大

C. 应该建立现代企业制度

D. 人们的收入差距小一点更好

二、多项选择题

多项选择题解析

1. 稀缺性（　　）。

A. 只存在于人类社会的某一阶段

B. 存在于人类社会的任何阶段

C. 指生产物品的资源数量很少

D. 指相对于人类的需要，资源及用资源生产的物品总是不足的

2. 西方经济学研究的基本问题是（　　）。

A. 怎样生产　　　B. 生产什么　　　C. 生产多少　　　D. 为谁生产

3. 下面属于微观经济学研究问题的是（　　）。

A. 生产者在既定的产量下如何使成本最小

B. 通货膨胀率与货币量变动之间的关系

C. 政府管制对汽车废气的影响

D. 消费者如何用既定的收入获得最大的满足

4. 经济模型可以用（　　）来表示。

A. 数学公式　　B. 文字　　　　C. 图形　　　　D. 以上皆可

5. 研究某一时点某商品需求与供给决定的均衡价格时，所进行的是（　　）。

A. 静态均衡分析　　　　　　　B. 比较静态分析

C. 规范分析　　　　　　　　　D. 实证分析

三、判断题

1. 西方经济学包括微观经济学和宏观经济学两大理论体系。

（　　）

判断题解析

2. 1936 年凯恩斯出版的《就业、利息和货币通论》标志着现代宏观经济学的产生。　　　　　　　　　　　　　　　（　　）

3. "看不见的手"原理是马歇尔在《经济学原理》中首先提出。
（　　）

4. 经济模型应该准确地描述现实。　　　　　　　　（　　）

5. 规范分析与实证分析是两种根本不同的研究方法，二者不存在什么联系。　　　　　　　　　　　　　　　　　　　（　　）

分析题解析

四、分析题

1. 下面两个陈述哪个是实证分析，哪个是规范分析，这两类分析有什么不同？

（1）发放可交易的污染许可证可以控制污染物的排放。

（2）政府应该向企业发放可交易的污染许可证。

2. 什么是西方经济学中的静态分析和比较静态分析？各举一个例子说明。

第一章
需 求 、 供 给 和 均 衡 价 格

学习目标

通过本章的学习，学生应理解：

- 什么决定了市场的需求，什么决定了市场的供给
- 供求的相互作用如何决定市场的均衡价格和数量
- 价格在资源配置的过程中起到怎样的作用
- 需求弹性的含义及其影响因素
- 供给弹性的含义及其影响因素
- 一些事件和经济政策对市场带来的影响

本章概要

　　市场主要通过价格机制来实现对资源的配置。在市场中，价格是由需求和供给的相互作用决定，价格的高低不仅显示了资源的稀缺程度，同时作为信号也引导着人们的决策和资源的流向，从而自动地实现了资源的配置。为了阐明市场机制的运行规律，本章以需求、供给这两种力量的特征和变动为分析起点，首先，阐述需求和供给的基本含义及其变动特征，并进一步通过引入弹性工具，从定量的角度分析不同因素对需求和供给的影响；其次，说明供求的相互作用如何决定市场的均衡价格和均衡数量；最后，结合某些具体的市场，运用均衡价格理论和弹性理论，就一些事件和经济政策可能对市场运行带来的影响进行分析。

本章知识逻辑结构图

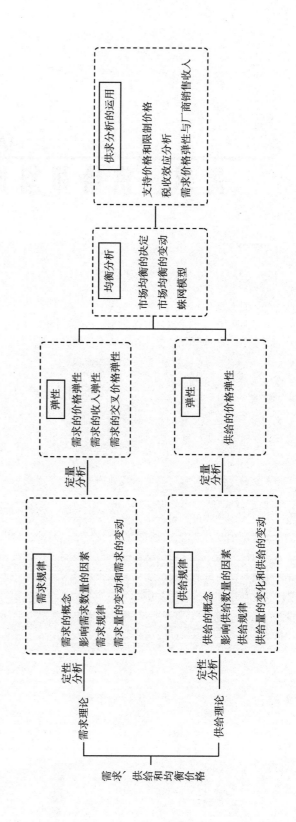

第一节　需　求

一种商品的价格是需求和供给两方面力量共同作用的结果，因此，要探讨一种商品的价格是如何决定的，就必须先从需求和供给入手，弄清需求和供给的作用原理。本节主要对需求函数、需求规律等内容进行详解。

一、需求的概念

需求（demand）是指在某一特定时期内，对应于某种商品一个给定的价格，消费者愿意并且能够购买的该商品的数量。

【知识点解读】

需求的概念：理解需求概念，要注意几个关键词，一定时期、某种商品、某一价格、购买意愿和购买能力的统一。

二、影响需求数量的因素

在现实生活中，影响需求数量的主要因素有：商品自身的价格、消费者的收入水平、相关商品的价格、消费者的偏好、消费者对商品价格的预期以及政府的政策等。其中，商品自身的价格和需求数量之间存在反向变动关系；消费者的收入水平、消费者的偏好与需求数量之间存在同向的变动关系；某种商品的替代品价格与该商品的需求数量之间存在同向的变动关系，互补品价格与该商品的需求数量之间存在反向的变动关系；若消费者预期某种商品不久要涨价，便会增加当前对该商品的需求数量，反之则会减少。

如果以影响需求数量的各种因素作为自变量，以商品的需求数量作为因变量，所得出的某种商品的需求数量与其影响因素之间的函数关系，即为需求函数。从短期来看，在众多影响商品需求数量的因素中，最主要的是"商品自身的价格"，因此我们通常假定其他条件不变，将需求函数简化为商品的需求量与其价格之间的函数关系：$Q^d = f(P)$。把某一商品的需求量与其价格之间的函数关系表现在平面直角坐标系当中，得到的图形即为需求曲线（见图 1-1）。

需求的概念

习题

影响需求数量
的因素

习题

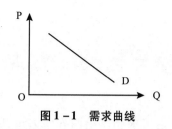

图 1-1 需求曲线

【知识点解读】

需求函数与图形：用公式表示需求函数时，一般习惯于将数量作为因变量，将价格作为自变量；用图形表示需求曲线时，往往用纵轴表示价格，横轴表示数量。这与数学的习惯不同，因此在分析需求曲线斜率、陡峭程度等问题时要格外注意。

三、需求规律

需求规律

一般来说，某种商品的价格越高，消费者愿意而且能够购买的该商品数量就越少，反之则越多。换言之，在影响需求数量的其他因素不变的前提下，商品的需求量与其价格之间呈反向变动关系，这便是需求规律（law of demand）。

【知识点解读】

习题

需求规律：需求量与价格呈反方向变动，这一规律有一个重要前提，即"其他条件不变"，忽视了这一点，就无法正确认识需求规律。比如股票市场上的"追涨杀跌"，股票价格越高，买的人越多，这一现象的背后并不仅仅是股票价格发生了变化，在股票价格变化的同时，人们对股票盈利能力的预期也发生了改变，即"其他条件"也发生了变化。

知识点扩展 1.1

需求规律也存在例外，如吉芬物品的需求量和价格会同方向变动（详见"知识点扩展 1.1"）。

四、需求量的变动和需求的变动

需求量的变动和
需求的变动

影响商品需求数量的因素不仅仅是商品自身的价格，其他影响因素也会对需求数量产生作用，因此需要清楚区分需求量的变动和需求的变动。

需求量的变动是由于商品自身价格发生变化所引起的需求数量的改变；需求的变动是商品自身价格以外的其他影响需求的因素发生变化所引起的需求数量的改变。

【知识点解读】

需求量的变动：由商品自身价格变化引起，与其他因素无关，表现在几何图形上是某个点沿着一条既定的需求曲线运动；

需求的变动：由其他因素的变化引起，与价格无关，表现在几何图形上是需求曲线的位置发生移动。

习题

【本节应掌握知识点】

- 需求的基本概念
- 个人需求和市场需求的关系
- 影响需求数量的主要因素
- 需求函数与需求曲线
- 需求规律的基本内容及运用
- 需求量的变动与需求的变动

第二节 供 给

本节主要对供给、供给函数、供给规律等内容进行详解。

一、供给的概念

在某一特定时期内，对应于一个给定的价格，生产者愿意并且能够提供的商品数量被称为该价格下的供给量。一种商品的供给（supply）是指生产者在一定时期内对应于某种商品，在各种可能的价格水平上，愿意并且能够提供的该商品的数量。

供给原理

【知识点解读】

理解供给的概念时需要注意：供给反映的是在其他条件不变的情况下，供给量和商品价格之间的对应关系；供给是有供给能力的供给，是供给意愿和供给能力的统一；供给是对某种商品的供给，它和特定的商品相联系；供给是特定时期的供给，它不是固定不变的。

习题

二、供给规律

一般而言，在其他条件不变的情况下，商品的供给量与其价格呈同方向变化，这便是供给规律（law of supply）。根据供给规律，在以纵轴表示商品价格，横轴表示商品供给量的平面直角坐标系里画出的供给曲线通常是向右上方倾斜的（见图 1 – 2）。

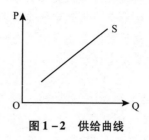

图 1 – 2　供给曲线

【知识点解读】

供给规律的成立有一定的前提条件，即影响供给的其他因素保持不变；供给规律也存在例外，如劳动的供给曲线存在向左上方弯回的部分；短期中土地的供给曲线为垂直的直线（详见第六章生产要素市场和收入分配部分）。

供给图形：表示供给函数时，将数量作为因变量，将价格作为自变量；画供给曲线时，往往用纵轴表示价格，横轴表示数量，这与数学习惯不同，因此在分析曲线斜率、陡峭程度等问题时要注意。

三、影响供给数量的其他因素

一种商品的供给数量除了受商品自身价格的影响之外，还受其他多种因素的影响，包括：生产成本、生产的技术水平、生产者生产的其他相关商品的价格、生产者对未来的预期以及政府的政策等。如在生产商品价格不变的情况下，技术水平越高，生产者的供给数量越大；生产成本下降，供给数量增加，等等。

四、供给量的变动和供给的变动

由于影响商品供给数量的因素不仅仅包括商品自身的价格，其他影响因素也会对供给数量产生作用，因此需要清楚区分供给量的变化和供给的变化。供给量的变化是由于商品自身价格发生变化所引起的供给数量的改变；供给的变化是商品自身价格以外的其他影响供给的因素发生变化，所引起的供给数量的改变。

【知识点解读】

从对供给曲线的影响来看，商品自身价格发生变化，不会引起供给曲线的移动；其他影响供给的因素发生变化时，会引起供给曲线的位置发生移动。

【本节应掌握知识点】
- 供给的含义及其影响因素
- 供给函数及供给曲线
- 供给规律
- 供给量的变动与供给的变动

第三节 市场均衡

通过学习需求和供给基本原理，本节主要讨论在供求两种力量的作用下，市场均衡的决定及其变动。

一、市场均衡的决定

均衡价格（equilibrium price）是能够使一种商品的市场需求量等于市场供给量的价格。对应于均衡价格，供求相等的数量被称为均衡数量（equilibrium quantity）。市场上需求数量和供给数量相等的状态，也称为市场出清状态（market clearing）。若市场价格高于均衡价格，则存在供给过剩；若市场价格低于均衡价格，则存在需求过剩。

市场均衡的决定

结合几何图形（见图1-3），均衡出现在需求曲线和供给曲线的交点处，交点处对应的价格即为均衡价格，交点处对应的数量即为均衡数量。

习题

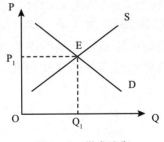

图1-3 供求均衡

【知识点解读】

一般情况下，市场的均衡价格和均衡数量是由供求双方共同决定的，但也会存在一些特殊的情况。

如图1-4中（a）（b）所示，供给曲线水平时，均衡价格取决

于供给一方，需求曲线水平时，均衡价格取决于需求一方；如图 1 -
4 中（c）（d）所示，供给曲线垂直时，均衡数量取决于供给一方，
需求曲线垂直时，均衡数量取决于需求一方。

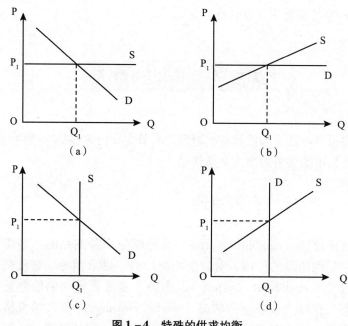

图 1－4 特殊的供求均衡

二、市场均衡的变动

供求定理（law of supply and demand）：在其他条件不变的情况
下，需求变动会引起均衡价格和均衡数量的同方向变动，供给变动会
引起均衡价格的反方向变动和均衡数量的同方向变动。

如果供给和需求同时同方向变动，那么均衡数量也会同方向
变动，均衡价格的变动无法确定。如果供给和需求同时反方向变
动，那么均衡价格的变化与需求的变化同向，均衡数量的变动则
无法确定。

【知识点解读】

分析需求或供给变动下均衡价格和均衡数量的变动，分析步骤
如下：

首先，要认清因素影响的到底是供给还是需求；

其次，要确定在影响因素的作用下供给或需求的变动方向；

最后，再判断均衡价格和均衡数量的变化情况。

市场均衡的变动

习题

三、一个动态模型：蛛网模型

习题

蛛网模型（cobweb model）是指西方经济学中分析生产周期较长商品的产量和价格波动情况的模型。与均衡价格决定模型不同的是，蛛网模型是一个动态模型，其基本前提是本期消费量受本期价格影响，本期供给量既受上期价格的影响，又会影响下期价格的形成。蛛网模型分析了商品的产量和价格波动的三种情况。

第一种情况，当一种商品供给曲线斜率的绝对值大于需求曲线斜率的绝对值时，市场由于受到外力干扰偏离原有的均衡状态后，实际价格和实际产量会围绕均衡水平上下波动，但波动的幅度越来越小，最后会恢复到原来的均衡点，形成"收敛型蛛网"（见图1-5）。

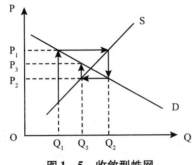

图1-5　收敛型蛛网

第二种情况，当一种商品供给曲线斜率的绝对值小于需求曲线斜率的绝对值时，市场由于受到外力干扰偏离原有的均衡状态后，实际价格和实际产量上下波动幅度越来越大，形成发散型蛛网（见图1-6）。

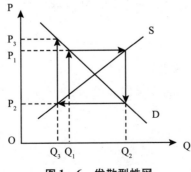

图1-6　发散型蛛网

第三种情况，当一种商品供给曲线斜率的绝对值等于需求曲线斜率的绝对值时，市场由于受到外力干扰偏离原有的均衡状态后，实际价格和实际产量始终按同一幅度围绕均衡水平上下波动，既不偏离均衡点，也不逐渐向均衡点靠近，形成封闭型蛛网（见图 1–7）。

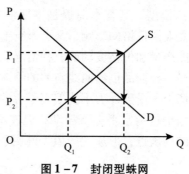

图 1–7　封闭型蛛网

【知识点解读】

关于蛛网理论的实例：苹果价格较高的时候，人们会增加苹果树的种植量，几年后，苹果产量越来越多，苹果的价格也随之大幅下降，这时种植苹果的农民会将苹果树砍掉，改种其他作物。由此可见，单纯凭借市场调节，虽然从长远来看可以实现供给与需求的平衡，但是在过渡的过程中，也会伴随着重大的经济损失。

粮食市场也存在"蛛网效应"，由于粮食的需求价格弹性较低，更容易形成"发散型蛛网"。粮食市场中的任何一个外部冲击都会被逐级放大，市场无法自动调整至均衡状态，对人们的生活生产带来不利影响，因此政府必须对粮食市场进行干预。

古典经济学理论认为，如果商品数量和价格的均衡被打破，经过竞争，均衡状态会自动恢复。蛛网模型却证明，按照古典经济学静态下完全竞争的假设，均衡一旦被打破，经济系统并不一定会自动恢复均衡。

【本节应掌握知识点】
- 均衡价格和均衡数量的决定
- 供求定理及均衡的变化
- 蛛网模型基本原理

<h2>第四节 弹 性</h2>

　　需求理论、供给理论以及供求规律是对需求和供给的定性分析，可以帮助我们了解需求、供给和均衡的变化方向。为了进一步分析价格等因素对需求和供给的影响程度，并由此判断不同商品的性质，我们接下来将学习弹性理论。

<h3>一、弹性的概念及公式</h3>

　　经济学中的弹性（elasticity），是指经济变量存在函数关系时，因变量对自变量变动的反应程度，即自变量变动了1%，会引起因变量变动的百分比。

$$弹性系数 = \frac{因变量的变化率}{自变量的变化率}$$

　　如果两个经济变量之间的函数关系用 $Y = f(X)$ 来表示，那么弹性的一般公式可以表示为：

$$e = \frac{\Delta Y}{Y} \Big/ \frac{\Delta X}{X} = \frac{\Delta Y}{\Delta X} \cdot \frac{X}{Y} \quad （弧弹性公式）$$

$$e = \lim_{\Delta x \to 0} \frac{\Delta Y}{Y} \Big/ \frac{\Delta X}{X} = \frac{dY}{Y} \Big/ \frac{dX}{X} = \frac{dY}{dX} \cdot \frac{X}{Y} \quad （点弹性公式）$$

弹性的概念
及公式

习题

<h3>二、需求的价格弹性与供给的价格弹性</h3>

　　需求的价格弹性（elasticity of demand）与供给的价格弹性（elasticity of supply）的相关情况如表1-1所示。

需求的价格弹
性与供给的
价格弹性

表1-1　　　　　　　需求的价格弹性与供给的价格弹性

项目	需求的价格弹性	供给的价格弹性
含义	表示在一定时期内，一种商品的需求量变动相对于该商品价格变动的反应程度，可简称为需求弹性	表示在一定时期内，一种商品的供给量变动相对于该商品价格变动的反应程度，可简称为供给弹性

续表

习题

项目	需求的价格弹性	供给的价格弹性
表达式	需求价格弧弹性 $e_d = -\dfrac{\Delta Q}{Q} \Big/ \dfrac{\Delta P}{P} = -\dfrac{\Delta Q}{\Delta P} \cdot \dfrac{P}{Q}$ 需求价格点弹性 $e_d = \lim\limits_{\Delta P \to 0} -\dfrac{\Delta Q}{\Delta P} \cdot \dfrac{P}{Q} = -\dfrac{dQ}{dP} \cdot \dfrac{P}{Q}$ 注意公式中的负号	供给价格弧弹性 $e_s = \dfrac{\Delta Q}{Q} \Big/ \dfrac{\Delta P}{P} = \dfrac{\Delta Q}{\Delta P} \cdot \dfrac{P}{Q}$ 供给价格点弹性 $e_s = \lim\limits_{\Delta P \to 0} \dfrac{\Delta Q}{\Delta P} \cdot \dfrac{P}{Q} = \dfrac{dQ}{dP} \cdot \dfrac{P}{Q}$
点弹性的几何含义	$e_d = \dfrac{CB}{AC}$ 点的位置越高，需求价格弹性越大；如果需求曲线为非线性，需要先做切线，然后按照线性需求曲线点弹性的几何求法求解即可	$e_s = \dfrac{CB}{AC}$ 如果供给曲线为非线性，需要先做切线，然后按照线性供给曲线点弹性的几何求法求解即可
分类	$e_d = 0$，需求完全无弹性 $e_d < 1$，需求缺乏弹性 $e_d > 1$，需求富有弹性 $e_d = 1$，需求为单位弹性 $e_d = \infty$，需求弹性无穷大	$e_s = 0$，供给完全无弹性 $e_s < 1$，供给缺乏弹性 $e_s > 1$，供给富有弹性 $e_s = 1$，供给为单位弹性 $e_s = \infty$，供给弹性无穷大
影响因素	商品的可替代性； 商品用途的广泛性； 商品对消费者生活的重要程度； 商品消费支出在消费者预算总支出中所占的比重； 所考察的消费者调节需求的时间	商品生产的难易程度； 商品生产成本随产量变化而变化的情况； 商品的生产周期； 时间的长短

【知识点解读】

弹性：弹性是一个相对量，因此货币单位和数量单位不会影响弹性的计算结果。

需求价格弧弹性：需求曲线上的两点 A 和 B，从 A 到 B 计算的需求弹性结果和从 B 到 A 计算的需求弹性结果是不同的。

弹性与斜率：弹性不等于斜率。在一条线性需求曲线上，斜率是处处相等的，但是每一点的弹性都不一样；在一条凸向原点的非线性需求曲线上，斜率处处不等，但其弹性未必不等，例如直角双曲线需求函数 $Q = K/P$，线上各点的需求价格弹性均为 1。

三、关于需求的其他弹性

需求的交叉价格弹性（cross price elasticity of demand）与需求的收入弹性（income elasticity of demand）的相关情况如表1-2所示。

关于需求的
其他弹性

表1-2　　需求的交叉价格弹性和需求的收入弹性

项目	需求的交叉价格弹性	需求的收入弹性
含义	在一定时期内，一种商品的需求量的变化对于它的相关商品价格的变化的反应程度	在一定时期内，一种商品的需求量的变化对于消费者的收入水平的变化的反应程度
公式	$e_{AB} = \dfrac{\Delta Q_A}{Q_A} \bigg/ \dfrac{\Delta P_B}{P_B} = \dfrac{\Delta Q_A}{\Delta P_B} \cdot \dfrac{P_B}{Q_A}$	$e_M = \dfrac{\Delta Q}{Q} \bigg/ \dfrac{\Delta M}{M} = \dfrac{\Delta Q}{\Delta M} \cdot \dfrac{M}{Q}$
弹性与商品分类	$e_{AB} \begin{cases} >0 & A、B为替代品 \\ <0 & A、B为互补品 \\ =0 & A、B不存在相关关系 \end{cases}$	$e_M \begin{cases} <0 & 低档品 \\ >0 & 正常品 \begin{cases} >1 & 奢侈品 \\ <1 & 必需品 \end{cases} \end{cases}$

习题

【知识点解读】

奢侈品与必需品：奢侈品与必需品的划分不是绝对的，这主要取决于当前收入约束下，人们眼中商品价格的高低。曾经的奢侈品，也许是现在的必需品。20世纪八九十年代，大哥大是何等尊贵的奢侈品，如今，手机则完全是生活必需品。同样，对于某些人而言的必需品，也许是另一些人眼中的奢侈品。对于月收入只有几百元的消费者来说，出租车也许是奢侈品，而对于月收入近万元的消费者而言，出租车也许是其出行必需的交通工具。

知识点扩展1.2

【本节应掌握知识点】

- 需求价格弹性和供给价格弹性的含义
- 需求价格弹性和供给价格弹性的计算及几何含义
- 弹性的分类
- 影响需求价格弹性的主要因素
- 需求交叉价格弹性和需求收入弹性的含义
- 需求交叉价格弹性和需求收入弹性的符号与商品的属性

第五节 供求分析的运用

本节从供求理论和弹性理论的视角出发，对一些经济现象和具体事例进行解释，学习相关理论在现实条件下的运用。

一、支持价格和限制价格

支持价格和
限制价格

支持价格也叫最低限价，是政府所规定的某种商品的最低售价，支持价格总是高于市场的均衡价格。政府实施支持价格，通常是为了扶持某些行业的发展，比如为了扶持农业的发展而对农产品实施支持价格。

最高限价是政府所规定的某种商品的最高售价，也称为限制价格，最高限价总是低于市场的均衡价格。政府实施最高限价，通常是出于对公平或市场稳定的考虑，对某些行业予以限制，避免其商品的价格过高。

习题

【知识点解读】

实施支持价格或最高限价时，市场都会处于一种供求不相等的非均衡状态。

在支持价格下，市场中会出现供过于求，为了保证支持价格的有效实施，政府通常会收购市场上过剩的产品。

在最高限价下，市场会出现供不应求，这可能会导致消费者排队抢购或黑市交易。为了避免这些情形，政府可以结合配给的方法来分配产品。此外，生产者也可能通过降低单位产品成本投入来应对最高限价。

二、税收效应分析

税收效应分析

图1-8中，（a）图是对生产者征税，（b）图是对消费者征税。对生产者征税，相当于增加了生产者的成本，因此会导致供给减少，供给曲线向上移动距离为 T（征税额）；对消费者征税，相当于减少了消费者收入，因此会导致需求减少，需求曲线向下移动距离为 T。（a）图和（b）图中，E 为征税前的均衡点，P^* 和 Q^* 为未征税时的均衡价格和均衡数量（均衡时，消费者支付的价格和生产者得到的价格相等）。E_1 为征税后的均衡点，征税后消费者支付的价格为 P_1，

生产者得到的价格为 P_2，Q_1 为均衡数量。

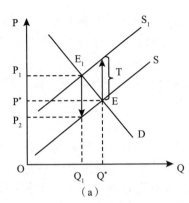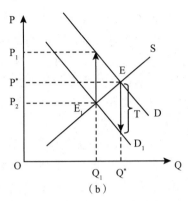

习题

图 1-8 税收效应图形分析

【知识点解读】

税收效应与弹性：

通过税收效应分析可知，从表面上看，税收是由消费者或者生产者某一方支付的，但实际上，征税后，消费者支付的价格会增高，生产者得到的价格会降低，也就是说，税收是由供求双方共同承担的。

供求双方承担的税负比例与需求价格弹性和供给价格弹性的大小有关。供给价格弹性不变时，需求价格弹性越大，消费者承担的税负比例越小，反之则越大；需求价格弹性不变时，供给价格弹性越大，生产者承担的税负比例越小，反之则越大。

如果需求价格弹性大于供给价格弹性，那么消费者承担的税负比例会小于生产者承担的税负比例，反之，消费者承担的税负比例会大于生产者承担的税负比例。

三、需求价格弹性和厂商销售收入

需求价格弹性和厂商销售收入的关系如表 1-3 所示。

需求价格弹性
和厂商销
售收入

表 1-3　　需求价格弹性和厂商销售收入的关系

项目	$e_d > 1$（富有弹性）	$0 < e_d < 1$（缺乏弹性）	$e_d = 1$（单位弹性）
降价	收入增加	收入减少	收入不变
涨价	收入减少	收入增加	收入不变

习题

【知识点解读】

需求价格弹性和厂商销售收入：用"涨价"或者"降价"方式增加销售收入，是在一定的范围内而言的。对于一种富有弹性的商品来说，降价可以增加厂商的销售收入，然而结合需求价格点弹性的几何含义不难看出，随着价格的降低，这种商品的需求价格弹性也会逐渐减小，当商品的需求价格弹性降到单位弹性甚至缺乏弹性时，"降价增加销售收入"的招数便不再可行了。

"谷贱伤农"，也称为"丰年悖论"，是指在丰收的年份，农民的收入反而减少的现象。造成"谷贱伤农"现象的根本原因是农产品需求缺乏弹性的特征，即农产品的需求价格弹性小于1。价格下降（即"谷贱"）会带来农产品需求量的增加，但由于农产品需求缺乏弹性，所以需求量增加的幅度小于价格下降的幅度，从而导致农民的总收入减少（即"伤农"）。

【知识点解读】

分析"谷贱伤农"问题，需要综合运用供求理论和弹性理论。

首先，要解释"谷贱"，即农产品价格下降的原因：丰收的作用。也许是因为风调雨顺，也许是因为选用了更高产的种苗，也许是细心照料等原因，带来了丰收的结果，但这些原因都属于"商品自身价格以外的其他因素"，因此，"丰收"会表现为供给增加，即供给曲线向右移动。结合供求定理可知，供给增加会带来均衡价格下降（"谷贱"）和均衡数量增加。

其次，结合农产品需求缺乏弹性这一特点，分析"伤农"的原因：虽然农产品价格下降会带来需求量的增加（注意是"需求量"，而不是"需求"），但需求量增加的幅度小于价格下降的幅度，从而带来"伤农"的结果。

如果需要作图分析"谷贱伤农"问题，作图时把需求曲线画的陡峭一些，则更容易在图形中直观体现出农民收入减少。

【本节应掌握知识点】

- 支持价格与最高限价
- 税负分析：生产者和消费者之间的税负压力分析
- 需求价格弹性和厂商的销售收入
- "谷贱伤农"问题

本章练习题

一、单项选择题

单项选择题解析

1. 若 X 商品价格上升导致 Y 商品需求曲线向右移动，则可以推断（   ）。

A. X 商品与 Y 商品是互补品

B. X 商品是低劣品，Y 商品是正常商品

C. X 商品与 Y 商品可以相互替代

D. X 商品与 Y 商品没有关系

2. 下列哪个因素会导致消费者的电脑需求量增加？（   ）

A. 消费者的收入水平不断提高

B. 消费者预期电脑的价格会趋于下降

C. 电脑的价格越来越便宜

D. 互联网交易越来越频繁

3. 当我们得出某种商品的供给曲线时，下列哪一因素是不确定的？（   ）

A. 生产技术水平　　　　　　B. 商品自身的价格

C. 生产要素的价格　　　　　D. 生产者预期价格

4. 当商品的价格下降 10% 时，消费者用于购买该商品的支出也增加了 10%，则这种商品的需求价格弹性（   ）。

A. 大于 1　　B. 小于 1　　C. 等于 1　　D. 无法确定

5. 若某种商品的需求量随着消费者收入的提高而减少，则说明该商品属于（   ）。

A. 正常品　　B. 低档品　　C. 替代品　　D. 互补品

6. 政府对某种商品向生产者征税（从量税），如果政府希望全部税收由买者承担，则应该满足下列哪个条件？（   ）

A. 此商品需求和供给的价格弹性均大于 1

B. 此商品需求的价格弹性等于 0，而供给的价格弹性大于 0

C. 此商品需求的价格弹性大于 0，而供给的价格弹性等于 0

D. 以上都有可能

7. 某商品的价格从 10 元下降到 8 元时，其需求量从 70 个单位增加到 77 个单位，这一过程中，该商品的需求（   ）。

A. 缺乏弹性　　B. 富有弹性　　C. 单一弹性　　D. 难以确定

8. 某种商品 X，其替代品的价格上升引起 X 商品的需求数量变化了 30 个单位；其互补品的价格上升引起 X 商品的需求数量变化了

90个单位, 在他们的共同作用下, X商品需求数量 (   )。

    A. 增加60单位   B. 减少60单位

    C. 增加120单位   D. 减少120单位

9. 如果一条线性需求曲线和一条非线性需求曲线相切, 在切点处, 两条需求曲线的需求价格弹性 (   )。

    A. 不相同

    B. 相同

    C. 可能相同, 也可能不相同

    D. 根据切点的位置而定

10. 某产品的市场需求函数为 $Q_d = 400 - P$, 供给函数为 $Q_s = -50 + 2P$, 政府对生产者征收30元的销售税, 消费者和生产者承担的税额分别是 (   )。

    A. 10元, 20元   B. 20元, 10元

    C. 15元, 15元   D. 0元, 30元

二、多项选择题

多项选择题解析

1. 政府对某种商品实施限制价格, 可能会导致 (   )。

    A. 消费者按照限制价格买不到所需要的商品

    B. 黑市交易猖獗

    C. 商品大量积压卖不出去

    D. 商品供不应求

2. 若对某些消费者来说, 联想电脑和惠普电脑可以相互替换, 则联想电脑价格下降会导致 (   )。

    A. 对惠普电脑需求下降

    B. 对联想电脑需求的上升

    C. 对惠普电脑需求量的下降

    D. 对联想电脑需求量的增加

3. 通常情况下, 下列哪些说法是错误的? (   )

    A. 如果供给减少, 需求不变, 均衡价格将下降

    B. 如果供给增加, 需求减少, 均衡价格将上升

    C. 如果需求增加, 供给减少, 均衡价格将下降

    D. 如果需求增加, 供给不变, 均衡价格将上升

4. 下列商品中, 需求交叉价格弹性为正的有 (   )。

    A. 汽油和汽车   B. 面粉和大米

    C. 苹果和摩托车   D. 牛肉和鸡肉

5. 对于需求富有弹性的商品而言, 以下说法不正确的是 (   )。

    A. 涨价会使商品的销售收入增加

    B. 涨价会使商品的销售收入减少

C. 适合采用薄利多销的策略

D. 不适合采用薄利多销的策略

三、判断题

1. 一条向右下方倾斜的线性需求曲线，曲线上各点的需求价格点弹性都相等。 （ ）

2. 如果商品的售价低于均衡价格，则会出现供不应求的现象。 （ ）

判断题解析

3. 一般来说，生活必需品的需求价格弹性较小，奢侈品的需求价格弹性较大。 （ ）

4. 供给不变时，需求的增加一定会引起均衡价格和均衡数量的增加。 （ ）

5. 根据蛛网模型理论，当一种商品供给曲线斜率的绝对值小于需求曲线斜率的绝对值时，会形成"发散型蛛网"。 （ ）

6. 厂商对商品进行广告宣传，目的是使该商品的需求量沿着需求曲线不断增加。 （ ）

7. 如果某种商品的需求曲线为斜率为负的直线，那么在需求价格点弹性等于 1 的位置，厂商的销售收入最大。 （ ）

8. 已知某商品的收入弹性小于 1，则这种商品是奢侈品。 （ ）

9. 非线性需求曲线上各点的斜率不同，需求价格弹性也一定不同。 （ ）

10. 为了保证支持价格的有效实施，政府通常会收购市场上过剩的产品。 （ ）

四、分析题

1. 临近春节，许多新鲜蔬菜的价格会明显上升，比如黄瓜、芹菜等，试利用供求的相关理论说明其原因。

2. 试用供求定理和弹性理论解释石油输出国组织限制石油产量的原因。

分析题解析

3. 一则最新的报道显示，多吃番茄可以降低罹患心脑血管疾病的风险。

（1）该报道播出后，番茄市场的均衡价格和均衡数量会有何变化？

（2）如果番茄种植者运用新的耕种技术提高了番茄产量，那么番茄市场的均衡价格和均衡数量有何变化？

4. 下图中有三条线性的需求曲线 AB、AC 和 AD。

（1）比较 a、b、c 三点的需求价格点弹性的大小。

（2）比较 a、e、f 三点的需求价格点弹性的大小。

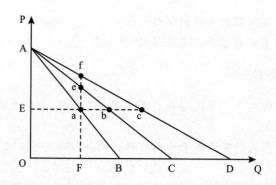

5. 简要分析需求价格弹性和供给价格弹性与税收负担之间的关系。

五、计算题

计算题解析

1. 设供给函数为 $S = 5 + P$，需求函数为 $D = 20 - 2P$，试求：

（1）市场的均衡价格和均衡数量。

（2）均衡点处的供给价格弹性。

2. 假定某种商品的需求函数为 $Q = M \cdot P^{-N}$，其中 M 为收入，P 为商品价格，N（N>0）为常数，求需求价格点弹性和需求的收入点弹性。

3. 设汽油的需求价格弹性为 1.5，现价每升 8 元，试问汽油价格上涨到多少才能使其消费量减少 12%？

六、论述题

论述题解析

1. 阐述需求曲线斜率与商品需求价格弹性之间的关系。

2. 请用经济学原理解释"谷贱伤农"现象，并说明政府在农业领域可以发挥哪些作用。

第二章
消 费 者 行 为 理 论

学习目标

通过本章的学习，学生应理解：

- 预算约束线及其变动
- 效用的含义与边际效用递减规律
- 消费者均衡及实现条件
- 消费者需求曲线的推导
- 无差异曲线及其特征
- 边际替代率递减规律
- 收入——消费曲线和恩格尔曲线
- 价格——消费曲线和需求曲线
- 消费者对风险的偏好

本章概要

在经济学中，家庭被看成是商品或服务的需求者和生产要素的供给者，他们出卖要素以获得收入，并在收入约束条件下选择消费商品或服务，以实现自身利益最大化。由于消费者在做出选择时以获取最大效用满足为目标，因而对消费者最优选择的分析又被称为效用论。本章在对效用理论进行概述之后，着重以序数效用论的思想分析消费者在既定收入约束条件下的最优选择，确定消费者均衡条件，并从中得到消费者的需求曲线。在此基础上，本章还将讨论消费者面对风险与不确定条件下的选择。

本章知识逻辑结构图

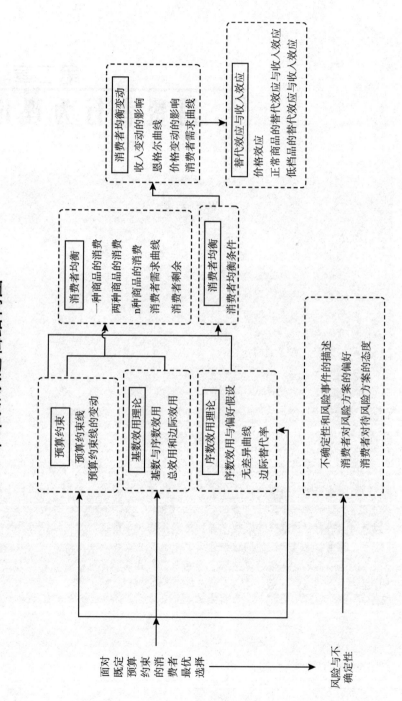

第一节 效用理论概述

理性消费者在既定的消费约束条件下，总是要做出最优选择。对于消费者行为的分析，建立在"效用"这个基本概念基础上。故消费者选择理论也可以成为效用论。本节从效用的概念出发，通过引入总效用与边际效用概念，进而分析效用最大化原则与消费者需求。

一、效用

效用（utility）是指消费者在商品和劳务的消费中获得的满足感。效用的大小取决于商品满足人们欲望和需求的能力，也取决于消费者对这种商品的需要程度以及消费者对其满足程度的主观心理评价。那么，如何度量消费者的这种满足感呢？在这一问题上，西方经济学家先后提出了两种不同的效用概念，一种是基数效用，另一种是序数效用。

效用

（一）基数效用

基数效用论认为，效用如同重量和长度一样，是可以用基数1、2、3……来计量的，每一个消费者都能够明确说出所消费的每一件商品效用量的大小，而且不同商品效用可以比较，可以加总求和。显然，基数效用论的假定过于严格，因为在消费者选择商品时，很难准确知晓商品的效用到底是多少。因此，进入20世纪30年代之后，经济学家开始使用序数效用的分析方法。

习题

（二）序数效用

序数效用论认为，消费者在选择商品时，不可能准确衡量商品的效用究竟是多少，因此不能用基数来表示效用的大小，只能用第一、第二、第三……这样的序数来表示消费者偏好的顺序，以此反映满足程度的高低。显然，以序数来表示消费者偏好的假定比以基数来度量效用受到的限制要少。

【知识点解读】

微观经济学基于序数效用建立起来的无差异曲线分析已经成为西方经济学研究消费者行为的主流方法。然而，基数效用理论对于解释消费者行为仍然提供了重要的方法，故本节后续内容将基于基数效用论分析消费者行为。

二、总效用和边际效用

总效用和
边际效用

（一）总效用和边际效用

根据基数效用论的假定，如果以消费者消费商品的数量为自变量，以效用量的大小作为因变量，那么，可以用效用函数来表示效用量与商品消费量之间的关系。令效用为 U，消费者消费的各种商品的数量分别为 Q_1，Q_2，Q_3，…，Q_n，则效用函数为：

$$U = U(Q_1，Q_2，…，Q_n) \tag{2.1}$$

总效用（total utility）是指消费者在一定时间内，连续消费一定数量商品所得到的总的满足感，用 TU 表示。效用函数 TU = U(Q) 就表示消费一种商品时，总效用与商品数量之间的函数关系：

$$TU = U(Q) \tag{2.2}$$

习题

边际效用（marginal utility）是指在一定的时间内，消费者每增加一个单位商品消费所得到的效用增加量，用 MU 表示，边际效用函数可以表示为：

$$MU = \frac{\Delta TU}{\Delta Q} \tag{2.3}$$

当商品消费量趋于无穷小，即 $\Delta Q \to 0$ 时，则有：

$$MU = \lim_{\Delta Q \to 0} \frac{\Delta TU}{\Delta Q} = \frac{dTU(Q)}{dQ} \tag{2.4}$$

（二）边际效用递减规律

边际效用递减规律是指在一定时期内，随着消费者连续增加某种商品或服务的消费量，消费者从每单位商品中得到的边际效用，呈现逐渐递减的趋势。

借助于边际效用递减规律，可以很容易地将总效用和边际效用的变化趋势及两者之间的关系表示出来，如图 2-1 所示，边际效用为正时，总效用增加；边际效用为零时，总效用达到最大；边际效用为负时，总效用减少。

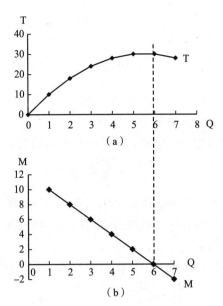

图2－1　总效用曲线和边际效用曲线

【知识点解读】

边际效用递减规律成立的前提：一是在一定时期内连续增加某种商品或服务的消费量；二是对其他商品和服务的消费量保持不变。

边际效用递减规律可以从两个角度来理解：一是从心理或生理角度来看。尽管人们的欲望是无限的，但就每一个具体的欲望来说却是有限的。因此，随着消费商品数量的增加，有限的欲望逐渐得到满足，生理上或心理上对商品重复刺激的反应会愈来愈迟钝，后来消费的商品对消费者的效用就会愈来愈小。二是从商品的用途来看。商品的用途是多种多样的，并且各种用途对人们的重要程度也是不同的，人们总是把商品用于最重要的用途，也就是效用最大的用途，然后才用于重要程度较差的、效用较小的用途。因此，人们后消费的商品的效用小于先消费的商品的效用。

虽然消费者消费行为服从边际效用递减规律，但是，同一种商品在不同的消费数量下，或者对不同消费者而言，边际效用递减的速度是不一样的。不同商品的边际效用递减速度也会不相同。

三、效用最大化

根据经济学的基本假定，作为理性人的消费者总是以追求效用最大化为目标。那么在商品价格和收入给定的条件下，消费者实现效用最大均衡的条件是什么呢？

效用最大化

习题

假定消费者消费一种商品，且每单位货币的边际效用保持不变，消费者实现均衡的条件为：

$$\frac{MU}{P} = \lambda \qquad (2.5)$$

这就表示，消费者花费在商品上的最后一单位货币所得到的边际效用恰好等于一单位货币本身的效用。

假定消费者消费两种商品，消费者实现均衡的条件为：

$$\frac{MU_1}{P_1} = \frac{MU_2}{P_2} = \lambda \qquad (2.6)$$

这就表示，为了实现效用最大化，消费者应该使他花费在所购买的每一种商品上的最后一元货币所得到的边际效用都相等，都等于单位货币的边际效用。

假定消费者消费 n 种商品，消费者实现均衡的条件为：

$$\frac{MU_1}{P_1} = \frac{MU_2}{P_2} = \cdots = \frac{MU_n}{P_n} = \lambda \qquad (2.7)$$

这就表示，为了实现效用最大化，消费者应该使他花费在所购买的每一种商品上的最后一元货币所得到的边际效用都相等，都等于单位货币的边际效用。

【知识点解读】

消费者均衡条件的理解：消费者购买商品时使商品的边际效用和价格成比例，不是指消费者在各种商品上花费相同数额的钱，也不是指每一种商品的边际效用相等，而是指花在每种商品上的最后一单位货币所带来的边际效用相等。

消费者均衡条件的证明用数学语言来讲，可以表述为约束条件下的最优化问题：

$$\max U(X, Y)$$
$$s.\ t.\ P_X X + P_Y Y = I$$

构造拉格朗日函数：$L(X, Y, \lambda) = U(X, Y) + \lambda(I - P_X X - P_Y Y)$

令 L 对 X、Y 和 λ 的一阶偏导数为零，得到一阶条件：

$$\frac{\partial L}{\partial X} = \frac{\partial U(X, Y)}{\partial X} - \lambda P_X = 0$$

$$\frac{\partial L}{\partial Y} = \frac{\partial U(X, Y)}{\partial Y} - \lambda P_Y = 0$$

$$\frac{dL}{d\lambda} = I - P_X X - P_Y Y = 0$$

整理可得：
$$\frac{MU_X}{P_X} = \frac{MU_Y}{P_Y}$$

四、消费者的需求曲线

消费者均衡条件，是在消费者的收入与商品价格既定的前提下得到的，是消费者对一种或者多种商品购买时的最优选择原则。如果商品的价格发生了变化，消费者均衡也会相应地变化。根据这种变化，运用边际效用递减规律，可以推导出消费者个人的需求曲线。

在基数效用论下，随着消费者对商品消费量的增加，其边际效用递减，根据消费者均衡条件：$MU = \lambda P$，即在货币的边际效用保持不变时，消费者为增加的商品所愿意支付的价格会越来越低，或者说，只有当价格下降时，消费者才愿意购买更多的商品，以满足程度降低的需要。因此，随着消费者对某种商品消费量的增加，商品价格递减，消费者的需求曲线向右下方倾斜，斜率为负。

消费者的需求曲线

习题

【知识点解读】

基数效用论下需求曲线推导的理解：一是在基数效用论下，需求曲线之所以向右下方倾斜是由边际效用递减规律决定的；二是需求曲线表示了在不同的价格下消费者愿意和能够购买的商品数量；三是需求曲线上每一点都是消费者获得最大效用的均衡点。

五、消费者剩余

消费者剩余是指消费者为得到一定数量的某种商品愿意支付的数额与实际必须支付的数额的差额。

根据基数效用论的消费者均衡条件，消费者愿意按照商品的边际效用来支付价格。由于商品的边际效用递减，所以在购买时消费者对每一单位商品愿意支付的价格也是递减的。但在实际购买时，价格是外生给定的，消费者对每一单位商品都按相同的价格进行支付。这样就意味着，消费者对每一单位商品愿意支付的价格并不等于该商品在市场上的实际支付价格，两者之间存在一个差额，这就形成了消费者剩余（见图 2 - 2）。

消费者剩余

习题

从图 2 - 2 可看出，当价格为 P_0 时，消费者对其需求量为 X_0，此时消费者剩余用需求曲线 d 以下、市场价格线 P_0 以上，以及价格轴之间围成的面积来表示。令反需求函数为 $P^d = f(Q)$，消费者剩余的计算公式可表示为

$$CS = \int_0^{Q_0} f(Q) dQ - P_0 Q_0 \qquad (2.8)$$

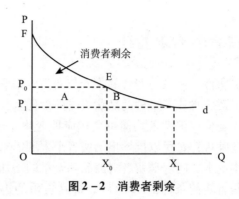

图 2-2 消费者剩余

【知识点解读】

理解消费者剩余的概念，需要注意：消费者剩余是对消费者从交换中所得净利益的一种货币度量。这一概念经常被用来衡量消费者福利的变化，以及评价市场效率的高低，并为政府制定公共决策提供依据和标准。当价格从 P_0 下降到 P_1，需求量从 Q_0 增加到 Q_1，消费者剩余增加的部分相当于区域 A 的面积和区域 B 的面积之和。消费者剩余的变化仍然可以用数学方法求解：$\Delta CS = \int_{Q_0}^{Q_1} f(Q)\,dQ - (P_1 Q_1 - P_0 Q_0)$

【本节应掌握知识点】

- 效用、总效用、边际效用的基本概念
- 边际效用递减规律的主要含义
- 消费者均衡的条件
- 消费者需求曲线的由来
- 消费者剩余的含义与变动

第二节　无差异曲线

由于序数效用论能够不依赖于效用的可衡量性和边际效用递减而推导出向右下方倾斜的需求曲线，故其出现后逐渐取代了基数效用论而得到更为广泛的应用。本节将介绍序数效用论的分析方法，运用无差异曲线分析消费者行为。

一、偏好和选择

序数效用论者认为，商品的效用虽然不能像基数效用论者那样用效用单位准确衡量，但可以根据消费者的偏好（爱好）排序。序数效用论者认为，对于各种不同的商品组合，消费者的偏好程度是有差别的，正是这种偏好程度的差别，反映了消费者对这些不同的商品组合的效用水平的评价。比如 A 是一组商品的组合，B 是另一组商品的组合。如果消费者对 A 组合的偏好程度大于 B 组合的偏好程度，那我们就说 A 组合给消费者带来的效用大于 B 组合给消费者带来的效用。因此，偏好是指消费者对任意两个商品组合所做的一个排序。

偏好和选择

关于消费者偏好有三个基本假设：

第一，偏好的完备性。偏好的完备性指消费者总是可以比较和排列所给出的不同商品组合。对两种商品的任意组合，消费者能够明确地说出他的偏好次序。如对于商品 X 和商品 Y 的组合 A 与组合 B，消费者总是可以根据自身的偏好做出判断：对商品组合 A 的偏好大于对商品组合 B 的偏好；对商品组合 A 的偏好小于对商品组合 B 的偏好；对商品组合 A 的偏好等于对商品组合 B 的偏好。当对商品组合 A、商品组合 B 的偏好相同时我们认为商品组合 A、商品组合 B 是无差异的。

习题

第二，偏好的传递性。对于 A、B、C 三种组合，如果消费者对商品组合 A 的偏好大于对商品组合 B 的偏好；同时，对商品组合 B 的偏好大于对商品组合 C 的偏好；那么消费者对商品组合 A 的偏好一定大于对商品组合 C 的偏好。偏好的传递性假设，保证了消费者偏好的一致性，也保证了消费者选择的理性。

第三，偏好的不饱和性。对于两种商品组合 A 和商品组合 B，如果构成商品组合 A 的两种商品的数量都大于构成商品组合 B 的两种商品的数量，那么，消费者对商品组合 A 的偏好一定大于对商品组合 B 的偏好。这说明，对任何一种商品，消费者总是认为多比少好，即对每一种商品的消费都没有达到饱和点。

【知识点解读】

理解偏好的概念，需要注意：偏好是指消费者对任意两个商品组合所做的一个排序。关于消费者偏好需要满足三个基本假设：偏好的完备性、传递性与不饱和性。

二、无差异曲线及其特点

消费者对商品组合的偏好采用无差异曲线进行分析。无差异曲线是消费者偏好相同的两种商品的不同数量的各种组合。

假设消费者消费两种商品，X_1、X_2 分别表示两种商品的消费数量。

无差异曲线
及其特点

表 2-1 给出了消费者消费商品 1 和商品 2 的无差异表。表 2-1 中（1）至（3）分别表示关于两种商品的各种不同组合关系的 3 个子表，假设每个子表具有相同的效用水平，即消费者对每个子表中的 6 个商品组合是无差异的。如表 2-1 的（1）中商品组合 A（20，120）与商品组合 F（69，28）具有相同的效用水平。表 2-1 的（3）中商品组合 B（49，91）与商品组合 C（52，85）具有相同的效用水平。同时，每个子表之间的效用水平不同。根据关于消费者偏好第三个基本假设，即偏好不饱和性假设，表（3）的效用水平高于表 2-1 的（2），表 2-1 的（2）的效用水平高于表 2-1 的（1）。

表 2-1　　　　　　　　　　消费者的无差异表

商品组合	(1)		(2)		(3)	
	X_1	X_2	X_1	X_2	X_1	X_2
A	20	120	30	120	40	120
B	30	70	40	79	49	91
C	41	45	48	62	52	85
D	49	36	59	49	62	69
E	59	30	68	43	77	58
F	69	28	79	39	89	53

根据表 2-1 绘制无差异曲线，如图 2-3 所示。图中横轴和纵轴分别代表两种商品的消费数量 X_1、X_2，将表 2-1 中每个子表的 6 个商品组合点分别在图中表示出，假定商品数量可以无限细分，用曲线把上述 6 个组合点相连，便形成了光滑的无差异曲线 U_1、U_2、U_3，分别表示表 2-1 中的（1）、（2）与（3）相对应的无差异曲线。同一条无差异曲线代表同样的效用水平，即沿着无差异曲线上下移动，对消费者来说没有变化。

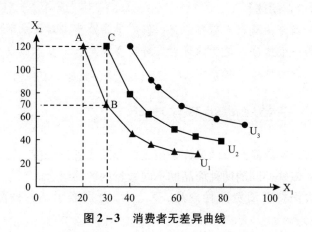

图 2-3　消费者无差异曲线

无差异曲线具有下述特点：

（1）无差异曲线向右下方倾斜，斜率为负，并凸向原点。根据无差异曲线的定义，位于无差异曲线上的商品组合能够给予消费者完全相同的满足程度。那么，当沿着无差异曲线由左上方向右下方移动时，减少一定的商品 X_2，为了维持原有的效用水平，必须相应增加一定量的商品 X_1，故无差异曲线一般向右下方倾斜，斜率为负。

假设消费者沿图 2-3 中的无差异曲线由左上方向右下方滑动。显然，向下滑动的过程就是用商品 X_1 替代商品 X_2 的过程。一开始，消费者拥有很多的商品 X_2 和较少的商品 X_1，消费者愿意用较多的商品 X_2 交换较少的商品 X_1。随着这个过程的继续，消费者拥有的商品 X_1 的数量愈来愈多，而商品 X_2 的数量愈来愈少。在用商品 X_1 替代商品 X_2 的过程中，消费者愈来愈珍惜商品 X_2，趋向于用更少的商品 X_2 交换更多的商品 X_1。因此，无差异曲线上端比较陡峭，下端比较平缓，凸向原点。

（2）在无差异曲线图中，离原点越远的无差异曲线，代表的效用水平越高；而离原点越近的无差异曲线代表的效用水平越低。因为消费者对数量多的两种商品组合的偏好，大于对数量少的两种商品组合的偏好，而离原点远的、位置较高的无差异曲线总是和较多数量的商品组合联系在一起，所以其所代表的效用要大于离原点近的无差异曲线所代表的效用。如图 2-3 所示，无差异曲线 U_2 比无差异曲线 U_1 远离原点。A 是无差异曲线 U_1 上的一点，对应的两种商品组合数量分别为 20 和 120。如果点 A 水平向无差异曲线 U_2 移动，X_2 则保持不变，仍然为 120，而 X_1 增加，变为 30。如果点 B 垂直地向无差异曲线 U_2 移动，则 X_1 保持不变，均为 30，而 X_2 由 70 增加为 120；如果点 B 向右上方移动到无差异曲线 U_2，则 X_1 和 X_2 的数量都会增加。因此，无差异曲线 U_2 的效用水平大于无差异曲线 U_1 的效用水平。

（3）无差异曲线图中的任意两条无差异曲线不能相交。两条不同的无差异曲线代表不同的效用水平，两条无差异线相交本身与无差异曲线的定义矛盾。这可以用图 2-4 以反证法证明。假设任意两条无差异曲线 U_0 和 U_1 相交于 A 点；分别取无差异曲线 U_0 和 U_1 上各一点 B 和 C，因为 B 点和 A 点都是无差异曲线 U_0 上的点，所以 B 点与 A 点代表着同等的效用水平；因为 C 点和 A 点都是无差异曲线 U_1 上的点，所以 C 点与 A 点代表着同等的效用水平。因此，根据偏好的传递性，B 点和 C 点具有同等的效用水平。但从图中可以看出，B 点在 C 点的左方，B 点对应的商品 X 的数量明显少于 C 点对应的商品 X 的数量。根据偏好的不饱和性的假定，B 点代表的效用水平一定小于 C 点代表的效用水平。这与上述关于"B 点和 C 点具有同等的效用水平"的结论相矛盾。因此，无差异曲线图中任意两条无差异曲线不能相交。

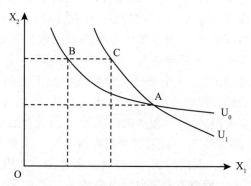

图 2-4　任意两条无差异曲线不能相交

【知识点解读】

　　理解无差异曲线的含义与特点。需要注意：无差异曲线是消费者偏好相同的两种商品的不同数量的各种组合。无差异曲线向右下方倾斜，斜率为负，并凸向原点；在无差异曲线图中，离原点越远的无差异曲线，代表的效用水平越高；而离原点越近的无差异曲线代表的效用水平越低；无差异曲线图中的任意两条无差异曲线不能相交。

三、边际替代率

边际替代率

（一）边际替代率的定义

　　在无差异曲线图中，消费者欲保持效用水平不变，增加一种商品的消费量的同时，必然会减少对另一种商品的消费量。两种商品之间的替代程度可以用边际替代率表示。一种商品对另一种商品的边际替代率可以定义为：在维持效用水平不变的前提下，消费者增加一单位的某种商品的消费时所需放弃的另一种商品的消费量。用公式表示商品 1 对商品 2 的边际替代率即为：

$$MRS_{1,2} = -\frac{\Delta X_2}{\Delta X_1} \tag{2.9}$$

　　式（2.9）中，$MRS_{1,2}$ 表示商品 1 对商品 2 的边际替代率，ΔX_1 代表商品 1 的变化量，ΔX_2 代表商品 2 的变化量，两者呈反方向变化，为负值。为便于比较，可在边际替代率前加一个负号，使其变为正值。当 ΔX_1 趋近于 0 时，商品 1 对商品 2 的边际替代率可表示为：

$$MRS_{1,2} = \lim_{\Delta X_1 \to 0}\left(-\frac{\Delta X_2}{\Delta X_1}\right) = -\frac{dX_2}{dX_1} \tag{2.10}$$

习题

（二）边际替代率递减规律

在无差异曲线上任何一点，两种商品的边际替代率为曲线上该点的斜率绝对值。边际替代率用无差异曲线斜率的大小来衡量。如果无差异曲线陡峭，边际替代率就高。表示在保持效用水平不变时，消费者为了得到少量 X_1 商品愿意放弃大量 X_2 商品。如果无差异曲线平坦，边际替代率就低。表示在保持效用水平不变时，消费者为了得到大量 X_1 商品愿意放弃少量 X_2 商品。

图 2-4 表明在效用水平保持不变时，消费者以一种商品替代另一种商品的比例越来越低，即边际替代率递减。商品的边际替代率递减规律是指：在保持效用不变的前提下，随着一种商品的消费数量的连续增加，消费者为得到每一单位的某种商品所要放弃的另一种商品的消费数量是递减的。每得到一个单位的商品 1，所要放弃的商品 2 的数量是递减的。也就是说商品的边际替代率是递减的。

可以用边际效用递减规律来解释边际替代率递减规律。当我们沿着同一条无差异曲线向下移动时，由于在保持效用水平不变的前提下，消费者多增加的效用和相应减少商品 Y 所减少的效用必定相等，即：

$$MU_1 \cdot \Delta X_1 + MU_2 \cdot \Delta X_2 = \Delta U = 0 \qquad (2.11)$$

式（2.11）可以改写为：

$$MRS_{1,2} = -\frac{\Delta X_2}{\Delta X_1} = \frac{MU_1}{MU_2} \qquad (2.12)$$

由于随着商品 X_1 数量的不断增加，其边际效用 MU_1 递减；随着商品 X_2 数量的不断减少，其边际效用 MU_2 递增，所以这两者的比值 $\frac{MU_1}{MU_2}$ 将越来越小。而 $\frac{MU_1}{MU_2}$ 正是商品 X_1 对商品 X_2 的边际替代率。这样，就用边际效用递减规律解释了边际替代率递减规律。

（三）无差异曲线的特例

商品的边际替代率递减规律决定了无差异曲线一般是凸向原点的，但是也存在一些特殊情况。

如果消费者只消费两种商品，而且两种商品之间完全是替代关系，则相应的效用函数的通常形式为：

$$U(X_1, X_2) = aX_1 + bX_2 \qquad (2.13)$$

式（2.13）中，a、b 为常数且为正值。两种商品的边际替代率为 $MRS_{1,2} = \frac{a}{b}$。完全互补品是指两种商品必须按固定不变的比例同时被使用。完全互补品的无差异曲线如图 2-5（b）所示，为 L 形。例如，一只左脚鞋必须同一只右脚鞋同时使用。一只左脚鞋和一只右脚鞋与一只左脚鞋和两只右脚鞋，或者任何超过 1 只的右脚鞋，对于消费者而言效用水平是一样的，如（b）图中水平部分所示，此时 $MRS_{1,2} = \infty$。同理，一只右脚鞋和一只左脚鞋与一只右脚鞋和两只左脚鞋，或者任何超过 1 只的左脚鞋，对于消费者而言效用水平是一样的，如（b）图中垂直部分所示，此时 $MRS_{1,2} = 0$。

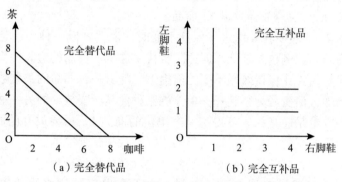

图 2-5　完全替代品和完全互补品的无差异曲线

假设消费者仅消费两种商品，且两种商品是完全互补关系，则其效用函数可以表示为：

$$U(X_1, X_2) = \min(aX_1, bX_2) \qquad (2.14)$$

式（2.14）中 a、b 为大于 0 的常数。符号 min 表示效用水平取决于括号中最小的一项。只有在 L 型曲线的拐点，两种商品按固定比例搭配，所以，在任何一条关于完全互补品的无差异曲线的拐点上，都有：

$$U(X_1, X_2) = aX_1 = bX_2 \qquad (2.15)$$

【知识点解读】

理解边际替代率的概念，需要注意：边际替代率表示在维持效用水平不变的前提下，消费者增加一单位的某种商品的消费时所需放弃的另一种商品的消费量。无差异曲线上任何一点的商品的边际替代率等于无差异曲线在该点的斜率的绝对值。完全替代品的无差异曲线为斜率为常数的直线。完全互补品的无差异曲线为 L 型曲线。

【本节应掌握知识点】

● 关于消费者偏好的三个基本假设
● 无差异曲线的含义与特点
● 边际替代率的含义与边际替代率递减规律
● 完全替代品与完全互补品的无差异曲线

第三节　预算约束线

生活中消费者在进行消费选择时，总是要根据他们既定的收入和既定的商品价格，选择他们能够支付得起的商品组合，所以，消费者购买力取决于市场中商品的价格和消费者本人的收入，二者构成了消费者的预算约束。本节主要探讨预算约束线的确定及其变动。

一、预算约束与预算约束线

假设消费者消费两种商品 X 与 Y，且消费者的收入为 I，P_X、P_Y 为商品 X 与 Y 的价格，则消费者购买两种商品的最大数量货币总额必须等于消费者的收入，即：

$$P_X X + P_Y Y = I \tag{2.16}$$

式（2.16）中，$P_X X$ 是消费者在商品 X 上花费的货币数量，$P_Y Y$ 是消费者在商品 Y 上花费的货币数量。二者的总和不能超过消费者的收入 I。式（2.16）即为消费者的预算约束方程，表示给定消费者收入和所消费的商品价格，消费者使用全部收入能够买到的两种商品的各种不同数量的组合。

如果以商品 X 的购买力作为横坐标，商品 Y 的购买量作为纵坐标，则上述预算约束方程可以表示为图 2-6 中的直线 AB，表示在既定的价格水平下消费者用现有的全部收入能够买到的两种商品的最大数量的各种组合。这条线被称为消费者的预算约束线。

预算约束与
预算约束线

习题

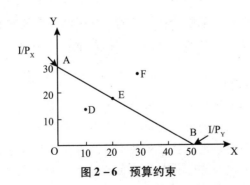

图 2-6　预算约束

如图 2-6 所示，假定消费者的收入为 150 元，商品 X 与 Y 的价

格分别为 $P_X = 5$ 元，$P_Y = 3$ 元。如果消费者的收入全部用来购买商品 X，那么商品 X 的数量为 50，如图 2－6 中点 B 所示。如果消费者的收入全部用来购买商品 Y，那么商品 Y 的数量为 30，如图 2－6 中点 A 所示。A 点与 B 点的连线，即为消费者的预算约束线。

预算约束线 AB 将图中的坐标平面分为三个部分：预算约束线与坐标轴之间、预算约束线上以及预算约束线以外的区域。在预算约束线与坐标轴之间的区域，表示以消费者现有的收入和既定的商品 X 与 Y 的价格，消费者选择任何商品 X 与 Y 的组合均可实现，且消费者的收入尚有剩余。如图 2－6 中 D 点所示，此时 $P_X X_D + P_Y Y_D < I$。预算约束线以外的区域，表示以消费者现有的收入和既定的商品 X 与 Y 的价格，消费者无力支付的商品 X 与 Y 的各种组合。如图 2－6 中 F 点所示，此时 $P_X X_F + P_Y Y_F > I$。预算约束线上的点表示以消费者现有的收入和既定的商品 X 与 Y 的价格，能够买到的两种商品 X 与 Y 的最大数量的商品组合，如 E 点所示，此时 $P_X X_E + P_Y Y_E = I$。

式（2.16）可以改写为：

$$Y = \frac{I}{P_Y} - \frac{P_X}{P_Y} X \qquad (2.17)$$

式（2.17）表示，预算约束线 AB 的纵截距为 $\frac{I}{P_Y}$，表示消费者把全部收入用来购买商品 Y 的数量，同理，$\frac{I}{P_X}$ 表示消费者把全部收入用来购买商品 X 的数量，即图 2－1 中预算约束线 AB 的横截距。由式（2.17）可以看出，预算约束线的斜率为 $-\frac{P_X}{P_Y}$，即两种商品的价格之比，且为负值。故图 2－6 中，预算约束线 AB 的斜率为 $-\frac{P_X}{P_Y} = -\frac{5}{3}$。预算约束线的斜率之所以为负，向右下方倾斜，是因为由于消费者的收入与两种商品的价格给定时，如果消费者欲增加一种商品的消费量，不得不减少另外一种商品的消费量。

【知识点解读】

理解预算约束线的概念，需要注意：预算约束线反映的是在消费者的收入和两种商品的价格给定的情况下，消费者用全部的收入能够买到的两种商品的最大数量的各种不同的组合。预算约束线以内的区域，表示消费者能够支付得起的商品组合，但消费之后收入有剩余；预算约束线以外的区域表示消费者现有收入无力支付的商品组合；预算约束线向右下方倾斜，斜率为负，且为两种商品价格之比。

二、预算约束线的变动

给定消费者的收入和两种商品的价格，预算约束线的位置与形状就可以确定了。当消费者的收入和商品的价格发生变动时，预算约束线也会随之而发生变动。

假定两种商品的价格不变，消费者的收入 I 发生变化。由于商品价格不变，即 $\frac{P_X}{P_Y}$ 保持不变，故预算约束线的斜率不变。然而，纵截距 $\frac{I}{P_Y}$ 和横截距 $\frac{I}{P_X}$ 则由于收入 I 的变化发生变化，故预算约束线将发生平移。如图 2-7 所示：假定初始的预算约束线为 AB，如果消费者的收入 I 增加，则预算约束线的纵截距与横截距均增大，预算约束线向右平行移动到 A_1B_1，意味着消费者购买力增加，能够买到的两种商品的数量均增加了。反之，如果消费者的收入减少，则预算约束线向左平行移动到 A_2B_2，表示消费者能够买到的两种商品的数量均减少了。

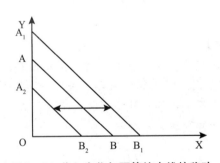

图 2-7　收入变化与预算约束线的移动

假定消费者的收入不变，商品的价格发生变化。又可以分多种情况讨论，如两种商品的价格同方向变化，两种商品的价格反方向变化，两种商品的价格同方向同幅度变化，两种商品的价格同方向不同幅度变化等。我们这里只分析一种商品价格变化而另一种商品价格不变的情况。假定商品 Y 的价格不变，商品 X 的价格变化。这意味着两种商品的价格比率发生变化，即预算约束线的斜率发生了变化。如图 2-8 所示，如果 P_X 上升了，则预算约束线 AB 的斜率的绝对值 $\frac{P_X}{P_Y}$ 就会增大，预算约束线 AB 将以 A 点为轴，按顺时针方向转动至 AB_1，商品 X 的购买量就会减少。如果 P_X 下降了，则预算约束线的斜率的绝对值$\dfrac{P_X}{P_Y}$就会减小，预算约束线 AB 将以 A 点为轴按逆时针方向转动至 AB_2，商品 X 的购买量就会增加。

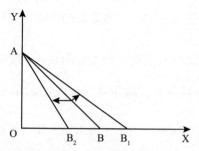

图 2-8　价格变化与预算约束线的转动

假定消费者的收入和两种商品的价格同时发生变动，意味着消费者预算约束线的斜率与截距均会发生变动，则预算约束线既可能出现平行移动，也可能发生转动。为此，在后续的分析中，对消费者预算约束线的分析，一般仅仅涉及消费者收入变化，或者当一种商品的价格发生变化，而假设其他因素保持不变。

【知识点解读】

理解预算约束线的变动，需要注意：假定两种商品的价格不变，消费者收入发生变化，则预算约束线将发生平移，收入增加向右平移，收入减少向左平移；假定消费者收入不变，其中一种商品价格发生变化，则预算约束线将发生变动。

第四节　消费者均衡

无差异曲线反映了消费者对两种商品组合的偏好；预算线显示了在收入和商品价格既定的前提下，消费者对两种商品的最大消费组合。如果把这两种分析工具结合起来，就可以分析说明消费者获得效用最大化的消费者均衡问题。

一、消费者均衡的决定

图 2-9 中 U_1、U_2 和 U_3 是既定的三条无差异曲线，直线 AB 是消费者收入既定、商品价格不变时的一条预算线。预算线 AB 与无差

异曲线 U₁ 相交，表示消费者用既定的收入能够买到这些交点对应的商品组合，但这些商品组合并不是满足水平或效用水平最高的，有理性的消费者不会做出这种选择。预算线 AB 与无差异曲线 U₃ 相分离，表示这些商品组合的偏好太高，消费者的预算约束难以达到，是不现实的。而只有预算线 AB 与无差异曲线 U₂ 相切，其切点 E 对应的商品组合才是使消费者获得最大满足或最大效用水平的商品组合。

消费者均衡
的决定

习题

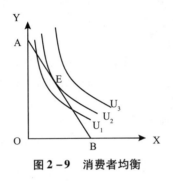

图 2 - 9　消费者均衡

由于无差异曲线斜率的绝对值是两种商品的边际替代率，预算线斜率的绝对值是两种商品价格比率，因此，消费者均衡的条件是：商品的边际替代率 = 商品的价格之比。

$$MRS_{XY} = \frac{P_X}{P_Y} \tag{2.18}$$

又由于边际替代率可以用两种商品的边际效用来表示，即：

$$MRS_{XY} = \frac{MU_X}{MU_Y} \tag{2.19}$$

所以：

$$MRS_{XY} = \frac{MU_X}{MU_Y} = \frac{P_X}{P_Y}$$

即：

$$\frac{MU_X}{MU_Y} = \frac{P_X}{P_Y} \tag{2.20}$$

【知识点解读】

满足消费者均衡的条件：两种商品的边际效用之比等于它们的价格之比，说明消费者必须使花费在每种商品上的最后一单位货币所购买的商品的边际效用相等，都等于货币的边际效用。

二、收入变动对消费者均衡的影响

在消费者的偏好和商品的价格不变的条件下，收入的增减会引起预算线的平行移动。当收入增加时，预算线向右上方平移；当收入减少时，预算线向左下方平移。预算线的上下平行移动会导致预算线和无差异曲线切点的变化，从而引起消费者均衡的变动。

如果消费者偏好既定、收入固定，商品的价格不变，消费者均衡就是确定的。但消费者的收入不是固定不变的，商品的价格也会经常发生变化，这都将引起消费者均衡的变化。下面分别考察消费者均衡购买量的变化与收入和价格变化之间的关系。

收入消费曲线

习题

（一）收入消费曲线

如图 2－10 所示，AB 为初始状态的预算线，其与无差异曲线 U 相切于 E 点。当消费者的收入增加时，预算线 AB 向右上平行移动到 A′B′，与位置较高的无差异曲线 U′相切于 E′点，即消费者的均衡点移动到了一个较高的位置 E′。反之，当消费者的收入减少时，预算线 AB 向左下移动到 A″B″，与位置较低的无差异曲线 U″相切于 E″点，即消费者的均衡点移动到了一个较低的位置 E″。

【知识点解读】

对于消费者来说，每一收入水平都有与之相适应的预算线。在消费者的收入连续变动的过程中，会有许多条预算线分别与相应的无差异曲线相切，从而得到一系列的消费者均衡点。将这些消费者均衡点连接起来，便得到收入—消费曲线。收入—消费曲线（income-consumption curve），或称收入扩展线，表示在消费者偏好和商品价格不变的条件下，一系列最优商品组合随消费者收入变化而形成的轨迹。

图 2－10 中，E、E′和 E″分别是三条预算线 AB、A′B′和 A″B″与三条无差异曲线 U、U′和 U″的切点，即消费者均衡点，将其连接起来得到的 IC 曲线就是收入—消费曲线。

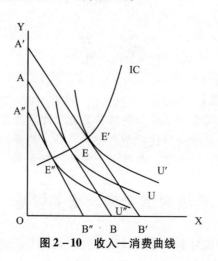

图 2－10　收入—消费曲线

（二）恩格尔曲线

收入—需求曲线是表示一种商品的均衡购买量与消费者收入之间变化关系的曲线，收入—需求曲线通常也被称为恩格尔曲线（Engel curve）。

图 2-11 说明了恩格尔曲线的推导过程。图 2-11（a）用 M 标出了每条预算线代表的收入水平，从下到上依次为 M″、M 和 M′。由于商品的价格不变，因此收入增加，商品的需求量也会增加。与上面的收入水平相适应，商品 X 的需求量分别为 X″、X 和 X′。图 2-11（b）是以商品 X 的数量为横轴，以收入 M 为纵轴的坐标系。当消费者的收入为 M″时，商品 X 的需求量是 X″，可以在图（b）中找到一点 F″。当消费者的收入为 M′时，商品 X 的需求量是 X′，可以在图（b）中分别找到点 F′。用同样方法可以在图中找出 F 等其他各点。连接 F″、F 和 F′各点便可得到恩格尔曲线 EC。

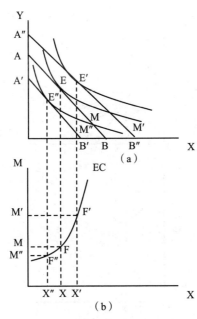

图 2-11 恩格尔曲线

【知识点解读】

由于商品的性质不同，恩格尔曲线的形状也不同。一般来说生活必需品的需求量随着收入的提高而增加，但增加的速度愈来愈慢于收入的增长速度，因此，恩格尔曲线向纵轴弯曲。而高档消费品和大部分工业品，其需求量随着收入的提高而增加，且增长的速度愈来愈超过收入的增长速度，因此，恩格尔曲线向横轴弯曲。

三、价格变动对消费者均衡的影响

（一）价格—消费曲线

价格—消费曲线

习题

在消费者的偏好和收入不变以及另一种商品的价格不变的情况下，一种商品价格的变化，会引起预算线位置的变动，从而引起预算线与无差异曲线的切点即消费者均衡点的移动。如图 2-12（a）所示，假定商品 Y 的价格不变，商品 X 的价格发生变化。当商品 X 的价格由初始的 P_X 下降为 P_X' 时，预算线 AB 绕 A 点逆时针转动至 AB′，预算线 AB′ 与无差异曲线 U′ 相切于 E′，即消费者均衡点上移至 E′ 点，消费者对 X 的需求量增加。当商品 X 的价格提高为 P_X'' 时，预算线 AB 绕 A 点顺时针转动至 AB″，预算线 AB″ 与无差异曲线 U″ 相切于 E″，即消费者均衡点下移至 E″，消费者对 X 的需求量减少。

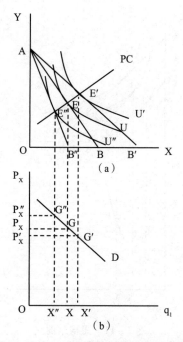

图 2-12　价格—消费曲线与消费者的需求曲线

【知识点解读】

在价格连续变化的过程中，会出现许多条预算线，分别与相应的无差异曲线相切，得到一系列消费者均衡点，将这些均衡点连接起来，便得到价格—消费曲线。价格—消费曲线（price-consumption curve），或称价格扩展线，表示在消费者偏好、收入以及商品 Y 的价格不变的条件下，一系列最优商品组合随着商品 X 的价格变化的轨迹。它反映了消费者对 X、Y 两种商品的最优选择，是如何随商品 X 价格的变化而变化的。

（二）消费者需求曲线

从价格—消费曲线可以推导出消费者个人的需求曲线。图 2 – 12 （a）中，当商品 X 的价格为 P''_X 时，消费者均衡点为 E″，对 X 商品的需求量为 X″；当价格为 P_X 时，消费者均衡点为 E，其需求量为 X；当价格为 P'_X 时，消费者均衡点是 E′，其需求量为 X′。价格的变动会引起该商品需求量的变动。如果以价格为纵轴，需求量为横轴，则可表示出商品 X 的需求量与其价格之间的对应关系，如图 2 – 12 （b）。当价格为 P'_X 时，需求量为 X″，可以确定一点 G″；当价格为 P_X，需求量为 X，可以确定一点 G；当价格为 P'_X 时，需求量为 X′，可以确定一点 G′。用同样方法还可以确定关于商品 X 的需求量与其价格对应关系的其他点。将 G″、G 和 G′等各点连接起来，就得到消费者个人的需求曲线。这条曲线反映了在消费者偏好、收入和商品 Y 的价格不变的条件下，消费者对 X 商品的最优购买量与 X 商品价格之间的变化关系。

【知识点解读】

需求曲线是指在其他因素保持不变时，消费者对应于商品的各种可能的价格，愿意并且能够购买的数量。那里的"其他因素"就是指消费者的偏好、收入和其他商品的价格；"愿意并能够购买的数量"就是消费者的最优购买数量，因为每一个均衡点都代表消费者在预算约束下达到了效用的最大化。所以，序数效用理论用无差异曲线与预算线的分析工具推导出了需求曲线。

【本节应掌握知识点】
- 消费者均衡的条件
- 收入消费曲线
- 恩格尔曲线
- 价格—消费曲线
- 消费者的需求曲线

第五节　价格变动的替代效应和收入效应

一种商品价格的变化会引起消费者对该商品需求量的变化。如果把价格变化对需求量产生的影响表示为价格效应，那么价格效应可以分解为替代效应和收入效应两部分。

一、替代效应和收入效应的含义

替代效应和收入
效应的含义

习题

价格—消费曲线反映了消费者收入和偏好不变，与一种商品价格变化相联系的两种商品的效应最大化组合。其他条件不变时，随着商品价格的变化，消费者均衡点的移动，对这种商品的需求量也随之改变。我们把商品的价格变化所引起的消费者对其需求量的改变，称为价格效应。如图 2-13 所示，初始的预算线 AB 与无差异曲线 U 相切于 E 点，即消费者均衡点。达到此效用水平时，X 商品的需求量表示为 X。当 X 商品的价格下降时，新的预算线 AB′ 与更高的无差异曲线 U′ 相切于 E′ 点，消费者达到了更高的效用水平，与此相适应，消费者对 X 商品的需求量增加为 X′。X 商品需求量的变化 ΔX = X′ - X 即价格效应。

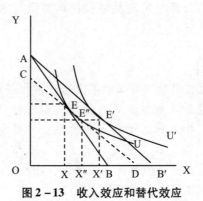

图 2-13　收入效应和替代效应

价格效应可分解为替代效应和收入效应。当 X 商品的价格下降时，改变了两种商品的价格比率，X 商品相对便宜，Y 商品相对昂贵。这意味着消费者为购买 Y 商品需要放弃更多的 X 商品，他就会多买 X 而少买 Y，即消费者增加购买价格相对下降的商品以替代价格相对上涨的商品。替代效应（substitution effect）是指由于商品价格变化引起相对价格变化对需求数量产生的影响。另外，当 X 商品的价格下降时，意味着消费者的货币购买力提高了，现有的货币收入能够买得起更多的 X 商品。收入效应（income effect）是指由于商品价格的变化引起消费者实际收入变动对需求数量产生的影响。

二、正常品的收入效应和替代效应

如图 2-13 所示，价格下降导致的价格效应为 $\Delta X = X' - X$。为了从价格效应中分解出替代效应和收入效应，必须把价格变化对消费者实际收入的影响剔除掉，即必须在保持消费者实际收入不变的前提下，分析价格对需求量的影响。经济学家希克斯把"实际收入不变"定义为效用水平不变。根据这种定义，我们做一条补偿预算线 CD。CD 是一条平行于 AB′并且与无差异曲线 U 相切的预算线，可以看作是预算线 AB′ 向左下方平行移动得到的。补偿预算线 CD 与 AB′平行，表明 X 商品价格下降改变了两种商品的相对价格 P_X/P_Y，预算线变得更加平坦了；同时补偿预算线 CD 与原来的无差异曲线 U 相切，表明消费者仍然维持在原来的效用水平上，这就是实际收入不变。可见，在 X 商品降价后，必须把消费者的货币收入相应调整（减少或者剔除一部分），以保持实际收入水平不变。如果用 Y 轴代表货币，表示消费者除了用于 X 商品之外的剩余货币，剔除的货币收入就是补偿预算线 CD 与预算线 AB′之间的垂直距离 AC。当然，如果 X 商品的价格上升，就必须"补偿"消费者一定的货币，以保持效用水平不变。补偿预算线 CD 与无差异曲线 U 相切于 E″点，表明 X 商品降价后，对其需求量由 X 增加为 X″，但商品 Y 的购买量减少了。X 商品的增购量（X″ - X），不依赖于实际收入的增加，而是 X 自身价格下降、Y 的价格相对提高，从而用 X 替代 Y 的结果，这就是替代效应。以 ΔX^s 表示替代效应，则 $\Delta X^s = X'' - X$。

现在，我们来分析收入效应。将补偿预算线 CD 向右上方平行移动到 AB′，意味着保持相对价格不变，把刚才已经剔除的由于价格下降而增加的货币收入再补偿上。消费者均衡点由 E″移动到 E′，X 商品的需求量由 X″增加到 X′。这个需求量的增加（X′ - X″），是消费者实际收入水平提高的结果，这就是收入效应。以 ΔX^m 表示收入效应，则 $\Delta X^m = X' - X''$。

可见价格效应 ΔX 是替代效应 ΔX^s 和收入效应 ΔX^m 共同作用的结果，即：

$$\Delta X = X' - X = (X'' - X) + (X' - X'')$$
$$\Delta X = \Delta X^s + \Delta X^m \tag{2.21}$$

用文字表示为：价格效应 = 替代效应 + 收入效应

正常品的收入
效应和替代
效应

习题

低档品的替代
效应和收入
效应

三、低档品的替代效应和收入效应

现在假定第一种商品为低档品。由上文的分析可以知道，在其他条件不变的情况下，只要第一种商品的价格下降，补偿的预算约束线就会比原预算线更平缓。而无差异曲线向右下方倾斜且凸向原点，所以均衡点也就必然位于原均衡点的右下方。这就是说，即使是低档品，价格下降的替代效应仍然会使该商品的需求量增加。因此，一种商品价格变动的替代效应使得需求量与价格呈反方向变动，这一结论对正常商品和低档品同时成立。

但是，与正常品不同，低档品的需求量变动与收入变动相反，这导致低档品价格变动的收入效应不再与替代效应相一致。如图 2 – 14 所示，由于第一种商品是低档品，随着收入的增加，消费者对该商品的需求量会逐渐减少，所以，伴随着补偿的预算约束线向外平行移动，消费者的均衡点将左移。因此，作为低档品的第一种商品价格下降的收入效应一定会使该商品的需求量减少。

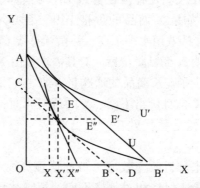

图 2 – 14   普通低档品价格变动的替代效应和收入效应

低档品价格变动的替代效应和收入效应使得需求量变动的方向相反，从而总效应的方向难以确定，这取决于替代效应与收入效应的强度大小。图 2 – 14 给出了普通低档品的情况。在这里，低档品价格下降的替代效应导致该商品需求量变动 $\Delta X^s = X'' - X > 0$，收入效应则导致该商品需求量变动 $\Delta X^m = X' - X'' < 0$，并且 $|X'' - X| > |X' - X''|$，结果则是均衡点位于初始均衡的右面，需求量增加。

四、吉芬商品的替代效应和收入效应

低档品价格变动的另外一种情况则是收入效应的强度大于替代效

应，此时价格下降的总效应为负值。这种情况恰好给出了吉芬商品的解释。相对于最初的均衡点，当第一种商品的价格下降之后，替代效应使得消费者均衡产生变动，消费者对该低档品的需求量仍会增加，替代效应是正值；而收入效应使得均衡点移动到其左边，消费者对该商品的需求量减少，收入效应为负值。不仅如此，由于收入效应的强度超过替代效应，最终使得均衡点位于初始均衡点 E 的左边。在这种情况下，消费者减少第一种商品的需求量，总效应为负值。

吉芬商品的替代
效应和收入效应

五、消费者需求曲线的形状

结合价格变动的替代效应和收入效应，现在可以很好地说明消费者需求曲线的形状。事实上，在其他条件不变的情况下，消费者对一种商品的需求曲线，取决于该商品价格变动总效用的大小和方向。根据本节的分析，在其他条件不变的情况下，如果一种商品的价格下降所产生的总效应使得该商品的需求量增加，那么需求曲线向右下方倾斜；反之，如果价格下降的总效应使得商品的需求量减少，那么需求曲线向右上方倾斜。已知在消费者的无差异曲线向右下方倾斜并且凸向原点的前提下，价格下降的替代效应定导致该商品的需求量增加，但收入效应却不一定使得该商品的需求量增加，所以，需求曲线是否向右下方倾斜，在很大程度上取决于收入效应的方向和大小。价格下降的替代效应和收入效应与需求曲线的形状，如表 2-2 所示。

消费者需求
曲线的形状

表 2-2　　价格下降的替代效应和收入效应与需求曲线的形状

商品类型		替代效应	收入效应	总效应	需求曲线形状
正常品		+	+	+	向右下方倾斜
低档品	普通低档品	+	−	+	向右下方倾斜
	吉芬商品	+	−	−	向右上方倾斜

【本章应掌握知识点】
- 价格效应
- 正常商品的收入效应和替代效应

第六节　不确定性和风险

现实生活中，消费者的决策往往涉及很多不确定因素，如价格不能提前预知，产品质量只能消费之后才能获知。作为对消费者行为分析的扩展，本节简要说明不确定条件下的最优选择。

一、不确定性和风险事件的描述

在日常决策中，人们常常会遇到许多与不确定性有关的问题。例如，为明天准备冷饮的消费者，可能无法确切知道明天中午天气是否炎热，所以他购买的冰激凌所能产生的效用就不能马上确定；同样的，生产者的生产决策也可能会遇到需求旺盛和需求低迷等不同情况。一般地说，如果一项选择行为所对应的结果不唯一，那么决策者就面临着不确定性。在不确定性的条件下，决策者的选择就会面临风险，因为一项选择导致的结果可能与初衷相悖。

不确定性使得消费者的最优选择问题变得更加复杂。但借助于对不确定性事件的描述，可以很好地分析消费者的最优选择行为。假定一个不确定的事件对应着 s 种相互独立的结果，这些结果分别为 q_1，q_2，…，q_s，它们出现的可能性分别是 α_1，α_2，…，α_s，则这一不确定的事件就可以表示为 $Q = (\alpha_1, \alpha_2, \cdots, \alpha_s; q_1, q_2, \cdots, q_s)$，或简单地表示为 $Q = (\alpha; q)$，其中 $q = (q_1, q_2, \cdots, q_s)$，而 $\alpha = (\alpha_1, \alpha_2, \cdots, \alpha_s)$ 是这些结果的一个概率分布。对于 $s = 2$ 的情形，可以直接将其表示为 $Q = (\alpha; q_1, q_2)$。其中，q_1 和 q_2 是可能的两种结果，出现 q_1 的可能性是 α，出现 q_2 的可能性是 $(1 - \alpha)$。

用彩票的方式加以表示，消费者在不确定性条件下的选择就可以被视为以一定的价格购买一张彩票 Q。这样，考察这张彩票给消费者带来的效用满足（或效用等级），成为分析消费者最优选择的出发点。

二、消费者对风险方案的偏好

对应于一项具有风险的备选方案而言，消费者相当于持有一张彩票，那么持有这张彩票的效用是多少呢？假设消费者在确定性条件下的效用函数为 u，则出现某种结果比如 i 时获得的效用满足就是 $u(q_i)$。依据期望效用理论，如果消费者选择持有的彩票为：

$$Q = (\alpha_1, \alpha_2, \cdots, \alpha_s; q_1, q_2, \cdots, q_s),$$

那么他由此获得的效用可以表示为：

$$U(Q) = \alpha_1 u(q_1) + \alpha_2 u(q_2) + \cdots + \alpha_s u(q_s) \tag{2.22}$$

由于式（2.22）的右边恰好是所有可能结果的效用值构成的数学期望，因而该式也被称为期望效用函数，简记为 $U(Q) = E(u)$。

特别地，如果彩票只有两个结果，比如 $Q = (\alpha; q_1, q_2)$，则消

第二章 消费者行为理论

费者消费这张彩票获得的效用为：

$$U(\alpha;\ q_1,\ q_2) = \alpha u(q_1) + (1-\alpha)u(q_2)$$

【知识点解读】

消费一张彩票的效用，是消费这张彩票中那些确定结果所能获得的效用值的一个加权平均，其中权重恰好是这些结果出现的概率。

消费者面对不同的风险方案，以追逐个人利益为目标的消费者在不确定性条件下试图使得预期效用最大化。以彩票只有两种结果的情形为例，消费者的最优行为可以表述为：

$$\max_Q U(Q) = \max_Q [\alpha u(q_1) + (1-\alpha)u(q_2)] \qquad (2.23)$$

这样，只要消费者在确定性条件下的效用函数 u 既定，并且他确切地知道不确定性的结果及其出现的可能性，那么消费者就可以根据式（2.23）选择最优的风险方案。

三、消费者对待风险的态度

式（2.22）给出了不确定性条件下消费者的偏好与确定性条件下的偏好以及确定的结果出现的概率之间的联系，借助于这种联系，可以分析消费者对待风险的态度。

更一般地说，假定风险方案为一张彩票 $Q = (\alpha;\ q_1,\ q_2)$，那么消费者持有这张彩票的效用为 $U(Q) = E(u) = \alpha u(q_1) + (1-\alpha)u(q_2)$。这张彩票的平均值为 $EQ = \alpha q_1 + (1-\alpha)q_2$，是一个确定性的结果。消费者消费这一平均值可以获得的效用为 $U(Q) = U(EQ)$。对彩票本身和彩票均值所产生的效用进行比较，持有不同风险态度的消费者会给出不同的评判。如果消费者愿意得到平均值而不喜欢持有彩票，即 $U(Q) < U(EQ)$，则称该消费者为风险厌恶者；如果消费者认为持有彩票与得到彩票的平均收入无差异，即 $U(Q) = U(EQ)$，则称该消费者为风险中性者；如果消费者更偏好于持有彩票而不是获得彩票的平均值，即 $U(Q) > U(EQ)$，则称该消费者为风险喜好者。

如图 2-15 所示，假设在彩票 $Q = (\alpha;\ q_1,\ q_2)$ 中，q_1 和 q_2 是两个收入，并且有 $q_1 < q_2$，而效用曲线上的 A、B 和 C 分别对应着 q_1、EQ 和 q_2 所产生的效用。作 A 和 C 的连线 AC，其中 D 是 AC 线上对应于收入 EQ 的点。很显然，D 点在纵坐标上对应的数值是 A 和 C 点数值的加权平均值 $\alpha u(q_1) + (1-\alpha)u(q_2)$，即 Q 的期望效用值 $U(Q) = E(u)$。这就是说，B 点对应着彩票 Q 的期望值的效用，而 D

点对应着彩票的期望效用。

【知识点解读】

根据上文中对消费者风险态度的界定，图 2-15 给出的是一个风险厌恶者的效用曲线，因为该消费者消费一个确定收入所得到的效用超过了可以产生相同平均收入的两个不确定的收入所带来的效用平均值。

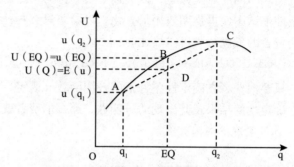

图 2-15　消费者对待风险的态度：风险厌恶

图 2-16 给出了风险中性消费者的效用曲线。对应于风险中性的消费者，其持有彩票 Q 获得的效用 $U(Q)$ 与消费 Q 的期望值所带来的效用 $U(EQ)$ 无差异，因而 B 点与 D 点重合，该消费者的效用曲线是一条直线。

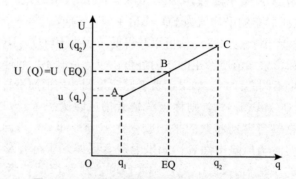

图 2-16　消费者对待风险的态度：风险中性

图 2-17 则给出了风险喜好者的效用曲线。对于风险喜好者，其消费确定性收入 EQ 的效用 $U(EQ)$ 要低于消费彩票本身所带来的效用 $U(Q)$。在图 2-17 中，B 点低于 D 点。

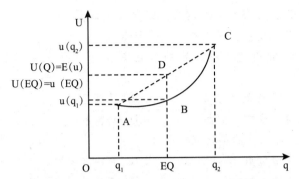

图2-17　消费者对待风险的态度：风险喜好

由上面的分析可以发现，不同的人可能对风险有不同的态度，即使同一个人对待不同的风险也可能有不同的态度，这取决于消费者在确定性条件下对结果的偏好或者效用函数 u，由于风险厌恶与效用函数 u 服从边际效用递减相一致，因而在大多数情况下，西方经济学假定消费者具有风险厌恶的特征。

知识点扩展2.1

【**本节应掌握知识点**】

●　消费者对风险方案的偏好

●　消费者对待风险的态度

本章练习题

一、单项选择题

1. 以下（　　）项指的是边际效用。

A. 张某吃了第二个面包，满足程度从10个效用单位增加到了15个单位，增加了5个效用单位

B. 张某吃了两个面包，共获得满足15个效用单位

C. 张某吃了四个面包后不想再吃了

D. 张某吃了两个面包，平均每个面包带给张某的满足程度为7.5个效用单位

2. 若消费者张某只准备买两种商品 X 和 Y，X 的价格为10，Y 的价格为2。若张某买了7个单位 X 和3个单位 Y，所获得的边际效用值分别为30个单位和20个单位，则（　　）。

A. 张某获得了最大效用

B. 张某应当增加 X 的购买，减少 Y 的购买

单项选择题解析

C. 张某应当增加 Y 的购买，减少 X 的购买

D. 张某想要获得最大效用，需要借钱

3. 若 X 的价格变化，X 的替代效应小于收入效应，则 X 是（　　）。

A. 正常品或低档品　　　　　　B. 低档品

C. 正常品或吉芬商品　　　　　D. 必需品

4. 无差异曲线的形状取决于（　　）。

A. 消费者偏好　　　　　　　　B. 消费者收入

C. 所购商品的价格　　　　　　D. 商品效用水平的大小

5. 一个消费者宣称，他早饭每吃一根油条要喝一杯豆浆，如果给他的油条数多于豆浆杯数，他将把多余的油条扔掉，如果给他的豆浆杯数多于油条数，他将同样处理，请问他的无差异曲线属于（　　）。

A. 他关于这两种食品的无差异曲线是一条直线

B. 他的偏好破坏了传递性的假定

C. 他的无差异曲线是直角的

D. 他的无差异曲线破坏了传递性的假定，因为它们相交了

6. 同一条无差异曲线上的不同点表示（　　）。

A. 效用水平不同，但所消费的两种商品组合比例相同

B. 效用水平相同，但所消费的两种商品的组合比例不同

C. 效用水平不同，两种商品的组合比例也不相同

D. 效用水平相同，两种商品的组合比例也相同

7. 对一位消费者来说古典音乐磁带对流行音乐磁带的边际替代率是 1/3，如果（　　）。

A. 古典音乐磁带的价格是流行音乐磁带价格的 3 倍，他可以获得最大的效用

B. 古典音乐磁带的价格与流行音乐磁带价格相等，他可以获得最大的效用

C. 古典音乐磁带的价格是流行音乐磁带价格的 1/3，他可以获得最大的效用

D. 他用 3 盘流行音乐磁带交换一盘古典音乐磁带，他可以获得最大的效用

8. 预算线的位置和斜率取决于（　　）。

A. 消费者的收入

B. 消费者的收入和商品价格

C. 消费者的偏好

D. 消费者的偏好、收入和商品价格

9. 一位消费者只消费两种商品：z 和 y。z 对 y 的边际替代率在任一点（z，y）是 y/z。假定收入为 B = 260 元，P_z = 2 元，P_y = 3

元,消费者消费 40 个单位的 z 商品和 60 个单位的 y 商品。(　　)

A. 消费者实现了效用最大化

B. 消费者可以通过增加 z 商品的消费,减少 y 商品的消费来增加他的效用

C. 消费者可以通过增加 y 商品的消费,减少 z 商品的消费来增加他的效用

D. 消费者可以通过增加 y 商品和 z 商品的消费,来增加他的效用

10. 某些人在收入较低时购买黑白电视机,在收入提高时,则去购买彩色电视机,黑白电视机对这些人来说是(　　)。

A. 生活必需品 　　　　　　B. 奢侈品

C. 劣质商品 　　　　　　　D. 吉芬商品

二、多项选择题

多项选择题解析

1. 无差异曲线的基本特征包括(　　)。

A. 无差异曲线是凸向原点的

B. 无差异曲线是凹向原点的

C. 同一坐标平面上的两条无差异曲线可能相交

D. 同一坐标平面上的任何两条无差异曲线之间不相交,可以有无数条无差异曲线

2. 下列关于无差异曲线的论述,正确的是(　　)。

A. 无差异曲线随主体偏好不同而具有不同的形状

B. 同一主体的无差异曲线绝对不能相交

C. 离原点越远的无差异曲线所代表的效用越低

D. 在同一平面上,有无数条无差异曲线

3. 下列关于预算线的表述正确的有(　　)。

A. 预算线的位置取决于消费者的收入和商品的价格

B. 两种商品的价格以及收入都同比例同方向变化,预算线不动

C. 其他情况不变,两种商品的价格同比例上升会导致预算线左移

D. 其他情况不变,当某种商品的价格下降,预算线向右旋转

E. 预算线的斜率是两种商品价格的比率

4. 决定预算线变动的因素有(　　)。

A. 消费者收入 　　　　　　B. 商品边际替代率

C. 消费者偏好 　　　　　　D. 价格弹性

E. 商品价格

5. 关于恩格尔曲线和恩格尔系数,下列叙述正确的有(　　)。

A. 利用价格–消费曲线可以推导出恩格尔曲线

B. 恩格尔系数反映了消费者收入与购买的商品之间的变动关系

C. 恩格尔系数被用来衡量一个国家或地区的居民消费水平

D. 一般认为，恩格尔系数越高表明居民生活水平越高

6. 下列哪种情况发生，原有预算线会发生变动？（　　　）

A. 商品价格不变，消费者收入变化

B. 商品价格同比例同方向变化，消费者收入不变

C. 消费者收入不变，一种商品价格变化，另一种不变

D. 消费者收入和两种商品的价格都同比例同方向变化

三、判断题

1. 同一杯水具有相同的效用。（　　　）

2. 无差异曲线表示不同的消费者消费两种商品的不同数量组合所得到的效用是相同的。（　　　）

3. 如果边际效用递减，则总效用下降。（　　　）

4. 消费者剩余是消费者的主观感受。（　　　）

5. 对所有人来说，钱的边际效用是不会递减的。（　　　）

6. 作为消费者的合理选择，哪一种商品的边际效用最大就应当选择哪一种商品。（　　　）

7. 吉芬商品是一种低档品，但低档品不一定是吉芬商品。（　　　）

8. 消费者的效用最大化要求预算线与无差异曲线相交。（　　　）

9. 收入—消费曲线是由于消费者收入的变化引起效用极大化变化的轨迹。（　　　）

10. 预算线的平行移动说明消费者收入发生变化，价格没有发生变化。（　　　）

判断题解析

四、分析题

1. 请解释亚当·斯密提出的"价值之谜"——水的使用价值很大，而交换价值却很小；钻石的使用价值很小，但交换价值却很大。

2. 试用替代效应和收入效应之间的关系解释低档商品和吉芬商品之间的区别。

3. 消费者剩余是如何形成的？

分析题解析

五、计算题

1. 已知某人消费的两种商品 X 和 Y 的效用函数为 $U = X^{\frac{1}{3}} Y^{\frac{1}{3}}$，商品价格分别为 PX 和 PY，收入为 M，求此人对商品 X 和 Y 的需求函数。

2. 若消费者张某的收入为 270 元，他在商品 X 和 Y 的无差异曲线上的斜率为 dY/dX = −20/Y 的点上实现均衡。已知商品 X 和

计算题解析

商品 Y 的价格分别为 PX＝2，PY＝5，那么此时张某将消费 X 和 Y 各多少？

六、论述题

如果你有一辆需要四个轮子才能开动的汽车，目前已经有了三个轮子，那么当你有第四个轮子时，这第四个轮子的边际效用似乎超过第三个轮子的边际效用，这是不是违反了边际效用递减规律？

论述题解析

第三章
企 业 的 生 产 和 成 本

学习目标

通过本章的学习，学生应理解：

- 生产函数的概念和分类
- 总产量、平均产量、边际产量的含义
- 生产的三个阶段
- 等产量线、边际技术替代率的概念
- 等成本线的含义与变动
- 最佳生产要素组合及其变动
- 规模报酬的含义及类型判定
- 经济成本与会计成本、经济利润与会计利润的区别和联系
- 七条短期成本曲线的形状及其联系
- 如何由短期成本曲线推导长期成本曲线
- 规模经济与规模不经济

本章概要

产品或劳务的供给是由企业提供的，要想研究供给规律，需要研究企业行为，掌握企业如何实现最佳的资源配置——即解决生产什么、生产多少、如何生产的问题。本章以企业的利润最大化目标为起点，首先分析了企业的生产行为，介绍一种要素可变情况下企业的短期均衡问题，两种要素可变情况下企业的长期均衡问题；其次分析了企业的成本，说明企业的短期成本如何随产量的变化而变化，企业的长期成本又是如何基于短期成本得到，并讨论了企业成本之间的关系。通过对企业生产规律和成本规律的分析，阐述了边际报酬递减规律、边际技术替代率递减规律，并进一步分析了规模报酬情况和范围经济情况。本章的内容为分析不同市场结构中企业利润最大化的均衡奠定了基础。

本章知识逻辑结构图

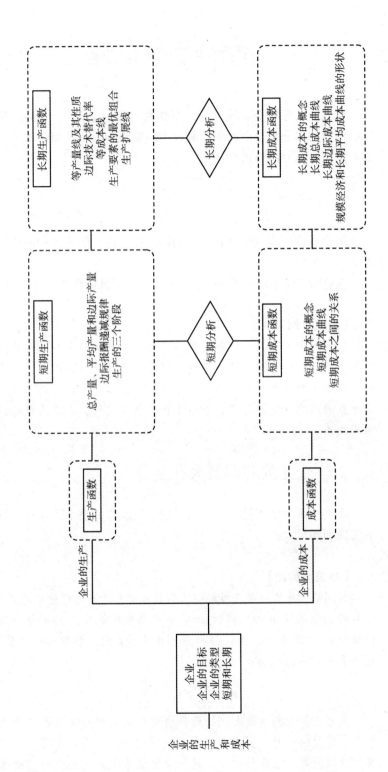

第一节 企 业

要想深入分析企业的行为，需要先了解企业及其开展经济活动的目的，为后续分析企业的生产和成本决策设定目标动机。本节主要对企业及其目标等内容进行详解。

企业

一、企业

企业也称厂商或生产者，是指能够作出统一的生产和供给决策的单个经济单位。

企业的组织形式主要包括：个人企业、合伙制企业和公司制企业。

习题

【知识点解读】

经济学中的企业：理解经济学中的企业和消费者是抽象化的，企业提供产品或服务的供给，消费者存在对产品或服务的需求。现实中的企业和消费者有可能并不能严格区分，例如个人企业的经营者，既是企业的所有者和经营者，作出生产和供给决策，也是消费者，作出消费决策。

二、企业的利润最大化目标

微观经济学中假设：企业的目标是在既定的技术约束和市场约束下实现利润最大。

企业的利润
最大化目标

【知识点解读】

利润最大化假设是理性经济人假设在生产者行为理论中的具体化。

若企业采用 m 种价格为 ω_j 的生产要素组织生产出 n 种产品市场价格为 p_i 的产品，x_j 和 y_i 分别表示生产要素投入的数量和产量水平。则企业的利润函数为：

$$\pi = \sum_{i=1}^{n} p_i y_i - \sum_{j=1}^{m} \omega_j x_j$$

显然，企业利润最大化的选择会受到投入产出技术关系的约束即投入一定时的最大产出或者产出一定时的最少投入，这便是生产理论要解决的问题。在此基础上，进一步把要素投入的价值考虑进来，就可以得到产量和最小成本之间的关系，这便是成本理论要解决的问题。

三、企业的其他目标

现实中由于信息不完全等原因，可能存在企业偏离利润最大化的现象。例如当存在委托代理关系时，代理人的决策可能是自己的个人利益最大化，而不一定是委托人的利益最大化；企业也可能基于谋求上市等因素，追求企业销售收入最大化、规模增长最大化等。

但是在长期，不以利润最大化为目标的企业终将在竞争中被淘汰，所以，实现利润最大化是企业在竞争中生存的基本准则。

【本节应掌握知识点】
- 理解企业是抽象后的经济行为主体
- 企业的利润最大化

第二节　生产函数

本节主要对生产的概念，生产函数及其类型等内容进行详解。

一、生产和生产函数

生产指的是企业在一定的生产技术下组织各种投入转化成产品或服务的过程。

【知识点解读】

投入：经济学中的投入称为生产要素，主要包括劳动、资本、土地和企业家才能四种基本类型。其中，劳动是指标准化后的劳动者在单位时间内提供的服务，其价格为工资率；资本是指生产过程中投入的实物资产（如厂房和机器设备）或货币资金等，其价格一般表示为租用资本的价格（利息率）；土地泛指一切自然资源，其价格表示为地租；企业家才能是指建立、资助和经营企业的企业家所表现出来的发现市场机会并组织各种投入的能力，其价格表现为正常利润。

生产和生产函数

习题

生产函数表示在技术水平不变的条件下，企业在一定时期内使用的各种生产要素数量与它们所能生产的最大产量之间的关系。

如果用 L、K、N、E 分别表示生产过程中投入的劳动、资本、土地、企业家才能等生产要素的数量，用 Q 表示这些要素组合所能生产的最大产量，则一般性的生产函数可以表示为：

$$Q = f(L, \ K, \ N, \ E, \ \cdots)$$

【知识点解读】

生产函数的概念：反映各种要素投入量和产出量之间的函数关系，前提条件是一定时期内的生产技术水平。

根据要素之间是否可以替代，可以区分为固定技术系数的生产函数（例如固定投入比例的里昂惕夫生产函数）和可变技术系数的生产函数（例如柯布—道格拉斯生产函数和固定替代比例的生产函数）。

二、短期和长期

短期和长期

短期是指至少有一种生产要素的数量固定不变的时期；长期是指生产者可以调整全部生产要素数量的时期。

可以随产量变化而进行调整的要素称为可变要素，即可变投入。不可以随产量变化而调整的称为固定要素，即固定投入。企业在长期只有可变投入没有固定投入。

【知识点解读】

短期和长期与时间的关系：经济学中的短期和长期虽然与时间密不可分，但是并没有严格的标准，不同生产过程的短期和长期不可比。

三、生产函数的例子

生产函数的例子

（一）固定比例的生产函数

固定比例的生产函数描述的是生产要素按照固定比例搭配的生产过程。假定生产中只使用劳动 L 和资本 K，生产产品的数量为 Q，每单位产出均需要固定的 a 单位劳动量和 b 单位资本量。则这一固定比例的生产函数可以表示为：

$$Q = A\min\left\{\frac{L}{a}, \ \frac{K}{b}\right\}$$

其中，A 代表生产技术水平，a、b 分别表示生产过程中劳动和资本的比例。

【知识点解读】

固定比例的生产函数意味着要素之间不存在替代性，必须按照固定的投入比例生产，多余的任何一种要素不能带来产量的增加。

（二）柯布—道格拉斯生产函数

柯布—道格拉斯生产函数是一种指数型生产函数，具体表示为：

$$Q = AL^{\alpha}K^{\beta} \qquad (3.1)$$

其中，A、α、β 为正，并且 $0 < \alpha、\beta < 1$。

该函数具有的性质：一是容易线性化。对式（3.1）两端取对数可以得到：$lnQ = lnA + \alpha lnL + \beta lnK$。二是参数具有明确的经济含义。A 表示技术水平，α、β 分别表示产出关于劳动和资本的弹性值。

【本节应掌握知识点】
- 生产函数及其分类
- 经济学中的短期和长期

第三节　短期生产函数

微观经济学通常以一种可变生产要素的生产函数考察短期生产理论。本节主要对短期生产函数中的总产量、平均产量和边际产量，边际报酬递减规律等内容进行详解。

一、总产量、平均产量和边际产量

短期生产函数：指存在固定不变的要素时，可变要素投入量与最大产出量之间的关系。假定生产中仅用到资本 K 和劳动 L，资本投入量固定不变，劳动投入量是可变的，则短期生产函数可以表示为：

$$Q = f(L, \ \overline{K})$$

或：

$$Q = f(L)$$

总产量、平均产量和边际产量

【知识点解读】

短期生产函数的概念：并不是所有的短期生产函数都是一种可变生产要素的生产函数，只要存在不可变的生产要素，那么可变要素投入量和最大产量之间的关系就是短期生产函数，在此，仅为分析方便将问题简化处理。

总产量：指投入一定的可变要素可以生产出的最大产量。用公式表示为：

习题

$$TP_L = f(L, \ \overline{K}) = f(L)$$

平均产量：指平均每单位可变要素所生产出的产量。用公式表示为：

$$AP_L = \frac{TP_L}{Q}$$

边际产量：是指增加一单位的可变要素投入量所带来的产出增加量。用公式表示为：

$$MP_L = \frac{\Delta TP_L}{\Delta L} = \frac{dTP_L}{dL}$$

【知识点解读】

上述定义的前提是技术水平、固定要素投入等其他条件不变。

二、边际报酬递减规律

边际报酬递减
规律

在一定的技术水平下，以及其他投入要素不变时，随着一种可变要素投入量的逐渐增加，起初该要素的边际产量是递增的；但当这种可变要素的投入量增加到一定程度之后，其边际产量会出现递减。

【知识点解读】

边际报酬递减规律成立的前提条件：一是生产技术水平保持不变；二是其他生产要素投入数量保持不变；三是边际产量递减在可变要素投入增加到一定程度之后才会出现。

边际报酬递减规律的原因在于可变要素与固定要素之间存在最佳配比，在达到最佳配比前，增加可变要素的投入带来的边际产量是上升的。一旦超过最佳配比，每一单位固定要素上的可变要素就太多了，继续增加可变要素投入，会带来边际产量的下降。

三、总产量、平均产量和边际产量之间的关系

总产量、平均产
量和边际产量
之间的关系

（1）边际产量曲线先增加后递减。

（2）总产量曲线先以递增的速度增加，后以递减的速度增加，随着边际产量由正转负，总产量曲线开始下降。

（3）平均产量曲线也是先增加后减少。平均产量曲线的最高点对应总产量曲线上与原点连线形成射线斜率的最大的点。

（4）边际产量曲线与平均产量曲线相交，并且相交于平均产量曲线的最高点。

【知识点解读】

理清这三者关系的关键在于清楚总量、平均量和边际量之间的关

系。平均量是总量曲线上任意一点与原点连线射线的斜率，边际量是总量曲线上任意一点切线的斜率。

（1）当边际产量递增时，总产量以递增的速度增加；当边际产量递减但仍然大于零时，总产量以递减的速度增加；当边际产量在下降的阶段为零时总产量达到最大值；当边际产量小于零时总产量下降。

（2）平均产量也是先增加后减少，但是平均产量曲线的顶点出现在边际产量曲线极大值的右侧。原因在于当边际产量大于平均产量时平均产量会上升，当边际产量小于平均产量时平均产量会下降。即边际产量曲线在下降的阶段穿过平均产量曲线的最高点。

四、生产的三个阶段

如图 3-1 所示，三条产量曲线可以将短期生产划分为三个阶段。第 I 阶段为劳动投入量小于 L_1 时。此时总产量曲线处于上升阶段，边际产量大于平均产量，增加劳动的投入会带来平均产量和总产量的增加。所以，增加劳动投入对企业是有利的，理性的生产者不会停留在这一阶段，会继续扩大产量到第 II 阶段。第 III 阶段为劳动投入量大于 L_2 时，此时边际产量开始小于零，总产量曲线开始趋于下降。说明在固定的要素上劳动投入量过多，需要减少可变要素劳动的投入量。从而退回到第 II 阶段。生产的第 II 阶段，劳动投入量为 $L_1 \sim L_2$ 时，处于平均产量曲线的最高点和总产量曲线的最高点之间，是企业进行短期生产的决策区间。

生产的三个阶段

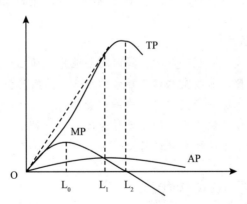

图 3-1　总产量、平均产量和边际产量曲线

【知识点解读】

该区间又称为短期要素使用的合理区间，具体企业利润最大化的点位于区间中的哪一点，需要下一步结合成本、收益和利润进行分析。

【本节应掌握知识点】
- 总产量、平均产量和边际产量
- 总产量、平均产量和边际产量曲线及其相互关系
- 边际报酬递减规律
- 短期生产要素使用的合理区域

第四节　长期生产函数

　　长期中，企业调整所有可以调整的生产要素，改变生产规模，以寻求长期利润的最大化。假设生产中使用的要素只有资本和劳动，那么当两种要素都可变时企业的生产就处于长期。本节主要以两种可变要素为例介绍长期企业的生产行为，对等产量曲线、等成本线、生产要素的最优组合和生产扩展曲线等内容进行详解。

一、等产量曲线及其性质

　　等产量曲线是指在技术水平不变的条件下，生产同一产量的两种生产要素投入量的所有不同组合的轨迹。
　　等产量曲线的性质：等产量曲线有无数条，每一条代表一个产量水平，离原点越远的等产量曲线表示的产量水平越高；任意两条等产量曲线不相交；等产量曲线向右下方倾斜；等产量曲线凸向原点。

【知识点解读】
　　等产量曲线：绘制等产量曲线时需要注意，横轴和纵轴是两种可变要素的投入量，曲线上的点是要素的组合，所有产量不同的要素组合点连起来形成这一产量水平下的等产量曲线。
　　等产量曲线又称为生产的无差异曲线，等产量曲线的性质可以对比消费的无差异曲线性质来理解。

二、边际技术替代率

　　边际技术替代率指产量水平保持不变的条件下，增加 1 单位第 1 种（劳动）要素的投入量可以替代的第 2 种（资本）要素的投入量，用 $MRTS_{1,2}$ 表示。劳动对资本的边际技术替代率为：

$$MRTS_{LK} = -\frac{\Delta K}{\Delta L} = -\frac{dK}{dL}$$

等产量曲线
及其性质

习题

边际技术替代率

等产量曲线上某一点的边际技术替代率等于等产量曲线在该点切线斜率的绝对值。

边际技术替代率递减规律：通常情况下，在维持产量不变的前提下，当一种生产要素的投入量不断增加时，每增加一单位这种生产要素所能替代的另一种生产要素的数量是递减的。

【知识点解读】

边际技术替代率：公式中加负号，保证边际技术替代率为正值。

边际技术替代率递减规律并不是在所有情况下都存在，例如里昂惕夫生产函数和固定替代比例的生产函数都不存在。

边际技术替代率等于两种要素的边际产量之比。

推导过程如下：

对于任意一条给定的等产量曲线，当用劳动替代资本时，产量水平不变，要求增加劳动投入带来的总产量的增加量等于减少资本投入所带来的总产量的减少量，即：

$$|\Delta L \cdot MP_L| = |\Delta K \cdot MP_K|$$

从而有：

$$-\frac{\Delta K}{\Delta L} = \frac{MP_L}{MP_K}$$

即：

$$MRTS_{LK} = -\frac{\Delta K}{\Delta L} = -\frac{dK}{dL} = \frac{MP_L}{MP_k}$$

通过边际技术替代率与边际产量的关系，可以理解两种要素可变情况下生产要素使用的合理区域。如图3-2所示，将等产量曲线上所有 $MRTS_{LK}=0$ 的点连起来得到脊线 I，所有 $MRTS_{LK}=\infty$ 的点连起来得到脊线 J，两条线内部的区域为两种生产要素的合理投入区。脊

图3-2 成本既定条件下的产量最大化

线 I 外侧的点意味着相比于 K 和 L 的最佳组合比例，有太多的 L 和太少的 K，MP_L 小于 0，需要增加 K 来弥补。同理，脊线 J 外侧的点 MP_K 小于零，需要增加 L 来弥补。

【知识点解读】

边际技术替代率和边际产量的关系可以与边际替代率和边际效用的关系类比。

根据边际技术替代率和边际产量的关系，可以用边际报酬递减规律来解释边际技术替代率递减规律。

两种要素可变时要素投入的合理区域也可以与一种要素可变时要素投入的合理区域建立关联。

三、等成本线

等成本线

等成本线指在既定的生产要素价格下，生产者花费相同的成本可以购买到的两种生产要素的各种不同数量组合的轨迹。

【知识点解读】

等成本线与图形：等成本线又称为企业的预算线，横轴和纵轴表示两种可变要素投入的数量，等成本线的位置取决于两种要素的价格和成本水平，当成本或者要素的价格发生变化时，等成本曲线可能会发生变动。

四、生产要素最优组合

生产要素最优组合

有了等产量线和等成本线就可以分析理性厂商如何选择最佳的生产要素组合，以追求利润最大化。厂商最佳生产要素组合的选择可分为两种情况：一种是在产量约束下选择成本最小化；另一种是在成本约束下选择产量最大化。

如图 3-3 所示，要素价格给定，成本给定为 C，那么等成本线就固定不变，通过调整产量，寻找既定成本下的最大化产量水平，只有与等成本线相切的等产量线 Q_3 代表的产量水平最大。这意味着等成本线的斜率与等产量线的斜率相等，即等成本线的斜率等于边际技术替代率。假定劳动 L 的价格为 W，资本 K 的价格为 r。所以，生产要素的最优组合需要满足：$MRTS_{LK} = W/r$；$WL + rK = C$。进一步根据 $MRTS_{LK} = MP_L/MP_K$，有 $MP_L/MP_K = W/r$，移项后得到 $MP_L/W = MP_K/r$，即每一单位成本购买劳动所带来的边际产量等于每单位成本购买资本所带来的边际产量。

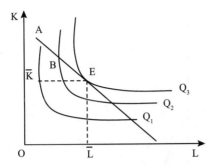

图 3-3　成本既定条件下的产量最大化

如图 3-4 所示，产量既定，那么等产量线就固定不变，寻找能够满足既定产出的最小化成本，同样只有与等产量线相切的等成本线 C_0 代表的成本水平最低。所以，生产要素的最优组合需要满足：$MRTS_{LK} = W/r$；$f(L, K) = Q_0$。进一步，可以得出与寻找既定成本下的最大化产量相同的结论，$MP_L/W = MP_K/r$。

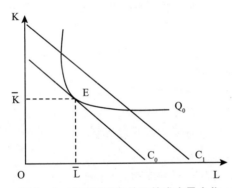

图 3-4　产量既定条件下的成本最小化

【知识点解读】

生产要素最优组合：两种方法得出相同的结论，该结论可以进一步推广到多种可变要素的最优组合，即每一单位成本用于任意一种生产要素所获得的边际产量都相等。

此处可以类比消费者均衡的条件：消费者每一单位货币用于购买任意一种商品所带来的边际效用都相等。

五、生产扩展曲线

在技术、要素价格和其他因素不变的条件下，当产量扩张时要素最佳组合的点的轨迹，称为生产扩展曲线（见图 3-5），它表明了厂商为保持成本最低，生产要素的组合如何随产出的变化而变化的趋势。

生产扩展曲线

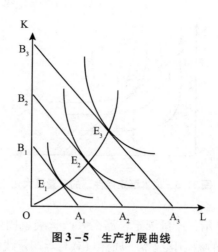

图 3 – 5　生产扩展曲线

【知识点解读】

生产要素最优组合与生产扩展曲线：生产要素最优组合是静态分析，外部条件给定的情况下寻找企业利润最大化时的均衡解。生产扩展曲线是比较静态分析或者动态分析，让成本和产量发生变化，寻找一系列的均衡解的变动轨迹。

【本节应掌握知识点】

- 等产量曲线及其性质
- 边际技术替代率递减规律
- 两种生产要素可变的合理投入区
- 等成本线及其移动
- 要素使用的最佳组合原则
- 生产扩展线

第五节　短期成本函数

成本理论研究的是随企业产量变化，成本的变动规律。这种规律取决于企业对生产要素的选择，因而受到时间范围的制约。本节主要对生产的成本、短期成本函数、短期成本曲线及其相互关系等内容进行详解。

一、经济学中的成本

经济学中的成本

1. 机会成本

机会成本是指把既定的稀缺资源用于某种特定生产时，必须放弃的在其他用途能够获得的最大收益。企业的生产成本应该从机会成本的角度来理解，即厂商生产某种产品的成本等于该产品生产的机会成本。

2. 显性成本和隐性成本

从机会成本的角度来理解，厂商的生产成本包括显性成本和隐性成本两部分。显性成本是指企业在生产要素市场上购买或租用他人所拥有的生产要素的实际支出。隐性成本是指企业本身所拥有的且被用于该企业生产过程的那些生产要素的总价格。隐性成本的概念需要从机会成本的角度来理解。

习题

3. 经济成本和会计成本

经济成本等于显性成本加隐性成本；会计成本往往仅包含显性成本。

4. 经济利润和会计利润

经济利润等于收益减经济成本；会计利润等于收益减会计成本。

【知识点解读】

机会成本存在的三个条件：第一，资源是稀缺的；第二，资源具有多种用途；第三，资源的投向不受限制。

对隐性成本的理解：隐性成本也必须从机会成本的角度按照企业自有生产要素在其他用途中所能得到的最高收入来支付，否则，企业会把自有生产要素转移出本企业以获得更高的报酬。

沉没成本：指已发生或承诺，无论做出什么决策都无法回收的成本支出，如广告支出等，因此其机会成本为零。

正常利润通常指企业家对自己所提供的企业家才能的报酬支付，是企业生产成本的一部分，它是以隐性成本计入成本的。当企业的经济利润为零时，企业仍然得到了全部的正常利润。

二、短期成本的概念

1. 短期总成本

短期总成本 STC：企业在短期内为生产一定数量的产品对全部生产要素所支出的总成本。

短期成本的概念

固定成本 FC：企业在短期对不变生产要素所支付的成本。

可变成本 TVC：对可变生产要素支付的成本。

$$STC = FC + TVC$$

【知识点解读】

注意固定成本和沉没成本的区别：沉没成本是指已发生或承诺，无论做出什么决策都无法回收的成本支出，如广告支出等。有些固定成本会成为沉没成本，但是二者并不完全等同。

2. 短期平均成本

短期平均总成本 SAC：企业在短期内平均每生产一单位产品所消耗的全部成本，$SAC = STC/Q$。

平均固定成本 AFC：企业在短期内平均每生产一单位产品所消耗的不变成本，$AFC = FC/Q$。

平均可变成本 AVC：企业在短期内平均每生产一单位产品所消耗的可变成本，$AVC = VC/Q$。

$$SAC = SFC + AVC$$

【知识点解读】

平均成本是在总成本的基础上计算得到，所以总成本之间的关系决定了平均成本之间的关系。

3. 边际成本

短期边际成本 SMC：企业在短期内增加一单位产品时所增加的总成本，$SMC = \Delta TC/\Delta Q = dTC/dQ$。

【知识点解读】

短期边际成本还可以由短期可变成本计算得到。由于产量变化后固定成本不会随之变化，那么总成本的变化就来自可变成本的变化。所以 $SMC = \Delta TC/\Delta Q = dTC/dQ = \Delta TVC/\Delta Q = dTVC/dQ$。

三、短期成本曲线

短期成本曲线

如图 3-6 所示为短期总成本曲线，其中固定成本曲线由于不随产量变化而变化，是一条水平线。短期总成本曲线是可变成本曲线向上平移 FC 个单位得到。

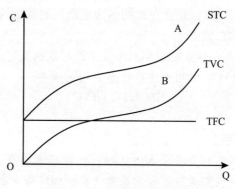

图 3-6　短期总成本曲线

【知识点解读】

短期总成本和短期可变成本曲线虽然是向右上方倾斜的，但是并不是直线，这是因为边际成本不是一个不变的常数，而是随产量的变化而变化的。

如图 3 − 7 所示为短期平均成本曲线和短期边际成本曲线，随着产量的增加，平均固定成本曲线 AFC 递减，平均可变成本曲线和平均成本曲线呈现 U 形。每一单位产量水平上满足 SAC = SFC + AVC。短期边际成本曲线也呈现 U 形。

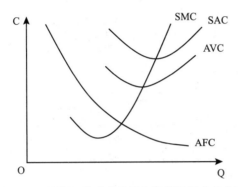

图 3 − 7　短期平均成本曲线和短期边际成本曲线

【知识点解读】

短期成本曲线呈现的特征是由边际报酬递减规律决定的。

知识点引申：短期生产和短期成本的对偶关系。

四、短期成本曲线之间的关系

短期平均成本对应总成本曲线上任一点与原点连线的斜率（见图 3 − 8）。所以，短期总成本曲线 STC 上的 A 点对应短期平均成本曲线 SAC 的最低点 A′，可变成本曲线 TVC 上的 B 点对应平均可变成本曲线 AVC 的最低点 B′，平均固定成本曲线随着产量增加逐渐减小最终无限接近横轴。

短期边际成本由总成本曲线上任一点切线的斜率得到，所以总成本曲线和可变成本曲线的拐点 M 和 M_1 对应边际成本曲线的最低点 M′。此外，短期边际成本曲线先穿过平均可变成本曲线的最低点，后穿过平均总成本曲线的最低点。

短期成本曲线
之间的关系

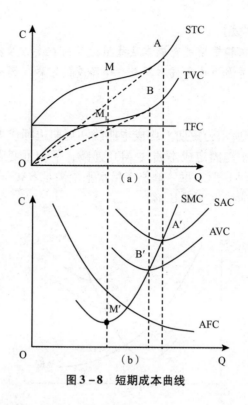

图 3-8　短期成本曲线

【知识点解读】

此处可以类比之前学过的总量、平均量和边际量之间的关系。

【本节应掌握知识点】

- 短期成本的概念
- 短期成本曲线的绘制
- 如何由短期总成本曲线推导得到短期平均成本曲线
- 如何由短期总成本曲线推导得到短期边际成本曲线
- 短期成本曲线与边际报酬递减规律的关系

第六节　长期成本函数

本节主要对长期成本的概念、长期成本曲线、规模经济等内容进行详解。

一、长期成本的概念

长期成本的概念

在长期厂商对全部生产要素投入量的调整意味着厂商对于每一产

量水平都可以选择一个最优的生产规模进行生产。

长期总成本 LTC 是指企业在长期中在每一个产量水平上通过选择最优的生产规模所能达到的最低总成本，$LTC = LTC(Q)$。

长期平均成本 LAC 表示企业在长期内按产量平均计算的最低总成本，$LAC = LTC/Q$。

长期边际成本表示企业在长期内增加一单位产量所引起的最低总成本的增量，$LMC = \Delta LTC/\Delta Q = dLTC/dQ$。

习题

【知识点解读】

长期与短期的关系：由于长期企业可以调整所有生产要素，所以长期总成本一定小于或等于同产量水平上的短期总成本。

二、长期总成本曲线

长期总成本曲线是无数条短期总成本曲线的包络线（见图3-9），在连续变化的每一个产量水平上，都存在着 LTC 曲线和一条 STC 曲线的相切点，该 STC 曲线所代表的生产规模就是生产该产量的最优生产规模，该切点所对应的总成本就是生产该产量的最低总成本。

长期总成本曲线

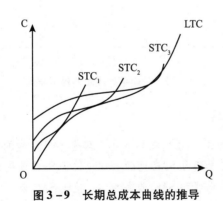

图3-9　长期总成本曲线的推导

长期总成本 LTC 曲线是从原点出发向右上方倾斜的。它表示：当产量为零时，长期总成本为零，以后随着产量的增加，长期总成本是增加的。而且，长期总成本 LTC 曲线的斜率先递减，经拐点之后，又变为递增。

【知识点解读】

下包络线意味着长期成本总是小于短期成本。原因在于长期是由一个一个短期构成的，企业从一个短期到另一个短期就是在寻求既定产量下的成本最小化。

长期平均成本
曲线

三、长期平均成本曲线

长期平均成本曲线既可以由长期总成本曲线推导得到，也可以由短期平均成本曲线推导得到。

在长期内，企业在每一个产量水平上都会选择最优的生产规模进行生产，从而将生产的平均成本降到最低水平。因此，长期平均成本曲线就是短期平均成本曲线的包络线（见图3-10）。在这条包络线上，在连续变化的每一个产量水平，都存在LAC曲线和一条SAC曲线的相切点，该SAC曲线所代表的生产规模就是生产该产量的最佳生产规模，该切点所对应的平均成本就是相应的最低平均成本。

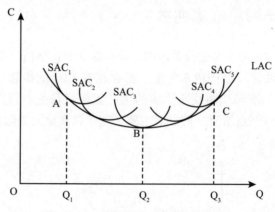

图 3-10　长期平均成本曲线的推导

【知识点解读】

LAC曲线和SAC曲线的相切点并不都是SAC曲线的最低点，当规模报酬递增时，LAC曲线和SAC曲线的切点位于SAC曲线的左侧，当规模报酬递减时，LAC曲线和SAC曲线的切点位于SAC曲线的右侧，只有规模报酬不变时，LAC曲线和SAC曲线的相切点是SAC曲线的最低点。

四、规模经济和长期平均成本曲线的形状

在企业生产扩张的阶段，企业由于扩大生产规模而使经济效益得到提高，这叫规模经济。当生产扩张到一定的规模以后，企业继续扩大生产规模，使经济效益下降，这叫规模不经济。

规模经济和长期
平均成本曲线
的形状

【知识点解读】

长期总成本曲线的形状是由规模经济与否决定的。企业的长期平

均成本曲线呈 U 形，原因是，伴随着产量增加和规模扩大，企业经历着由规模经济到规模不经济的生产过程。

注意区分规模经济和规模报酬。

规模报酬，就是指在其他条件不变的情况下，所有的投入要素以相同的比例变动时生产规模变动对产出变动的影响。产出与生产规模变动之间的关系可分为三种情况，即规模报酬递增、规模报酬不变和规模报酬递减。规模报酬递增是指产量增加的比例大于各种要素投入增加的比例。规模报酬不变是指产量增加的比例等于各种生产要素增加的比例。规模报酬递减是指产量的增加比例小于各种要素投入的增加比例。

规模报酬

【知识点解读】

规模报酬的判定：令生产函数 $Q = f(L, K)$，

若 $f(tL, tK) > tf(L, K)$，其中，常数 $t > 0$，则生产函数具有规模报酬递增的性质。

若 $f(tL, tK) < tf(L, K)$，其中，常数 $t > 0$，则生产函数具有规模报酬递减的性质。

若 $f(tL, tK) = tf(L, K)$，其中，常数 $t > 0$，则生产函数具有规模报酬不变的性质。

对于道格拉斯生产函数则可以直接通过劳动和资本投入的系数来判定规模报酬情况。

五、长期边际成本曲线

根据长期边际成本曲线 LMC 的定义，把每一产量水平的 LTC 曲线的斜率值描绘在产量和成本的平面坐标图中，便可得到长期边际成本曲线（见图 3-11）。

长期边际成本
曲线

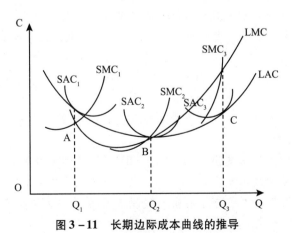

图 3-11　长期边际成本曲线的推导

在长期内的每一个产量水平上，LMC 值都与代表最优生产规模的 SMC 值相等，因此，可以由 SMC 曲线推导 LMC 曲线。但是需要注意的是，长期边际成本不是短期边际成本曲线的包络线。

【知识点解读】

长期边际成本曲线呈 U 形，它与长期平均成本曲线相交于长期平均成本曲线的最低点。因为当 LMC < LAC 时，LMC 将 LAC 拉下；当 LMC > LAC 时，LMC 将 LAC 拉上。LAC 曲线在规模经济和规模不经济的作用下呈先降后升的 U 形，则 LMC 曲线也必然呈先降后升的 U 形，并且两条曲线相交于 LAC 曲线的最低点。

【本节应掌握知识点】

- 长期成本的概念
- 如何由短期总成本曲线得到长期总成本曲线
- 如何由短期平均成本曲线得到短期平均成本曲线
- 长期边际成本曲线的推导
- 为什么长期平均成本曲线呈 U 形

本章练习题

单项选择题解析

一、单项选择题

1. 下列说法中正确的是（　　）。

A. 规模报酬递减是由边际报酬递减规律引起的

B. 生产要素的边际技术替代率递减是由边际报酬递减规律引起的

C. 生产要素的边际技术替代率递减是由规模报酬递减规律引起的

D. 边际报酬递减是由规模报酬递减规律引起的

2. 如果以横轴代表劳动 L，纵轴代表资本 K，则等成本线的斜率是（　　）。

   A. $\dfrac{P_L}{P_K}$ B. $-\dfrac{P_L}{P_K}$ C. $\dfrac{P_K}{P_L}$ D. $-\dfrac{P_K}{P_L}$

3. 如果等成本线与等产量曲线相交，那么要生产等产量曲线代表的产量水平（　　）。

   A. 应增加成本支出   B. 不能变动成本支出

   C. 应减少成本支出   D. 不能减少成本支出

4. 如果等成本线与等产量曲线没有交点，那么要生产等产量曲线所表示的产量，应该（　　）。

A. 增加成本

B. 保持原成本不变

C. 减少成本

D. 在成本不变的情况下提高一种可变要素的价格

5. 如果生产中只投入资本和劳动两种要素，规模报酬不变，单位时间里增加了5%的劳动量，但保持资本量不变，则产出将（　　）。

A. 增加5%　　　　　　　B. 减少5%

C. 增加大于5%　　　　　D. 增加少于5%

6. 当 AP_L 上升时，企业生产是处于（　　）。

A. 生产的第Ⅰ阶段　　　B. 生产的第Ⅱ阶段

C. 生产的第Ⅲ阶段　　　D. 生产的第Ⅳ阶段

7. 当 MP_L 为负时，企业生产是处于（　　）。

A. 生产的第Ⅰ阶段　　　B. 生产的第Ⅱ阶段

C. 生产的第Ⅲ阶段　　　D. 生产的第Ⅳ阶段

8. "没有免费的午餐"这种说法（　　）。

A. 说明政府"菜篮子工程"低效率

B. 不排除没有免费的早餐或晚餐

C. 否定了政府和社会组织救灾的利他性

D. 说明任何事物都有机会成本

9. 收益减去机会成本等于（　　）。

A. 经济利润　　B. 会计利润　　C. 正常利润　　D. 毛收入

10. 某施工队租了两台挖掘机，租期10天，租金2000元，但在这10天内因下雨无法施工，两台挖掘机没用上但租金照付，这2000元支出对施工队来说是（　　）。

A. 经济租金　　B. 无谓损失　　C. 亏损额　　D. 沉没成本

11. 假设劳动是唯一的可变投入，其边际产量为MP，平均产量为AP，可变成本为VC，工资为w，则边际成本MC等于（　　）。

A. $\frac{w}{MP}$　　　B. $\frac{VC}{w}$　　　C. $\frac{MP}{w}$　　　D. $\frac{w}{AP}$

12. 当边际报酬递增时，短期总成本STC曲线（　　）。

A. 以递增的速率上升　　B. 以递增的速率下降

C. 以递减的速率上升　　D. 以递减的速率下降

13. 当边际产量递增时，边际成本（　　）。

A. 开始递增，后来递减　　B. 递增

C. 开始递减，后来递增　　D. 递减

14. 长期平均成本曲线呈 U 形的原因与（　　）有关。

A. 规模经济与规模不经济　　B. 外部经济与外部不经济

C. 边际生产力递增与递减　　D. 范围经济与范围不经济

15. 在企业的生产处于规模报酬不变阶段，长期平均成本曲线切于短期平均成本曲线的（　　）。

A. 左端　　　　B. 右端　　　　C. 最低点　　　　D. 最高点

多项选择题解析

二、多项选择题

1. 形状良好的等产量曲线具有如下特点（　　）。

A. 离原点越远的等产量线代表产量水平越高

B. 任意两条等产量线都不能相交

C. 等产量线凸向原点

D. 等产量线斜率为负

2. 在生产的经济区域内（　　）。

A. 等产量曲线的斜率为负　　　　B. 边际技术替代率为正

C. 等产量曲线的斜率为正　　　　D. 边际技术替代率为负

3. 边际技术替代率（　　）。

A. 是等产量曲线的斜率

B. 等于两种要素的边际产量之比

C. 是无差异曲线的斜率

D. 等于两种物品的边际效用之比

4. 生产者均衡的条件为（　　）。

A. 等产量曲线与等成本线相切

B. 两种要素的边际技术替代率等于其价格之比

C. 两种要素的边际产量与其价格之比相等

D. 两种要素的边际技术替代率与两种要素的边际产量之比相等

5. 在生产的第Ⅲ阶段，（　　）。

A. 总产量下降　　　　　　　　B. 边际产量为负

C. 平均产量下降　　　　　　　D. 边际产量上升

6. 边际成本有（　　）。

A. 增加一单位要素所增加的成本

B. 增加一单位产量带来的总成本的变化

C. 增加一单位产量带来的可变成本的变化

D. 边际产出的倒数

7. 在从原点出发的直线（射线）与 TC 曲线的切点上，AC（　　）。

A. 最小　　　　　　　　　　B. 等于 MC

C. 等于 AVC + AFC　　　　　D. 最大

8. （　　）等曲线呈 U 形。

A. STC 曲线　　　B. SMC 曲线　　　C. SAC 曲线　　　D. SAVC 曲线

9. 当 AC 曲线的斜率为正时，（　　）。

A. MC 曲线的斜率一定为正　　　　B. MC 一定大于 AC

C. STC 以递增的速率增加　　D. AVC 曲线趋于上升

10. 边际成本 MC 和边际产量 MP 的关系有（　　　）。

A. MC 和 MP 的变动方向是相反的

B. MC 曲线下凹时，MP 曲线上凸

C. MP 达到最大值时 MC 是最小值

D. MP 以递减的速率上升时 MC 以递增的速率上升

三、分析题

1. 什么是短期？什么是长期？二者有什么不同？

2. 平均产量与边际产量有什么关系？

3. 什么是边际产量递减规律？边际产量递减规律发挥作用的条件是什么？

分析题解析

4. 已知企业的生产函数，如何推导其成本函数？

5. 试证明短期生产中，边际成本与边际产量、平均可变成本与平均产量之间的关系。

四、计算题

1. 已知生产函数为 $Q = -2L^2 + 100L - 18$

（1）写出平均产量函数和边际产量函数；

（2）计算总产量最大时企业雇佣的劳动量；

（3）计算边际产量与平均产量相等时，劳动的雇佣量。

计算题解析

2. 已知生产函数为 $Q = L^{\frac{3}{7}} K^{\frac{4}{7}}$，$w = 3$，$r = 4$，试求：总成本为 140 时，企业均衡产量及两种要素的投入量。

3. 某企业某年生产一种产品的总收益为 530 万元，投入自有资金 200 万元（如果从银行贷款需支付利息 12 万元），雇佣劳动的成本为 110 万元，购买原材料的成本为 310 万元，水电和运输等费用支出 90 万元，所有者若为其他人工作可赚 5 万元，分别从经济学和会计角度计算出利润。

4. 假设某产品生产的短期成本函数为 $TC(Q) = 3Q^3 - 20Q^2 + 80Q + 100$，写出平均成本函数 $AC(Q)$ 和边际成本函数 $MC(Q)$，并求最小的平均可变成本值 AVC。

五、论述题

1. 在一种可变要素下，企业是如何组织生产的？

2. 说明长期总成本、长期平均成本和长期边际成本曲线的形态以及它们之间的关系。

论述题解析

第四章
完 全 竞 争 市 场

学习目标

通过本章的学习，学生应理解：

- 完全竞争市场的特点和含义
- 企业的收益与利润最大化原则
- 完全竞争企业面临的需求曲线和收益曲线
- 完全竞争企业的短期供给决策
- 完全竞争市场的短期均衡和短期供给曲线
- 完全竞争企业的长期供给决策
- 完全竞争市场的长期均衡和长期供给曲线
- 生产者剩余和市场总剩余
- 完全竞争市场均衡的性质和效率

本章概要

　　企业的利润最大化行为，不仅会受到技术的约束，还面临着市场的约束即其所处的市场环境或市场结构，因此需要根据不同的市场类型分别讨论企业面临的需求、收益进而其供给决策与市场价格和产量的决定。为了考察完全竞争市场中均衡价格和数量的决定，本章从企业利润最大化决策的一般性原则出发，首先，结合完全竞争市场的特征分析了完全竞争条件下企业面临的需求和收益的特点；其次，分析了短期中企业的供给决策和完全竞争市场均衡的形成；再次，分析了长期中企业的供给决策和完全竞争市场均衡的形成及其特征；最后，利用总剩余的分析框架对完全竞争市场的资源配置效率进行了评价。

本章知识逻辑结构图

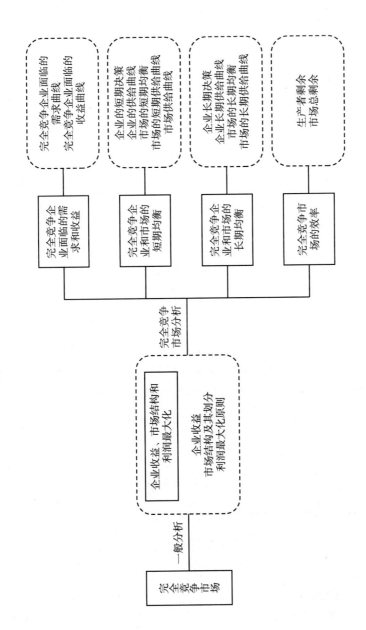

完全竞争企业面临的需求曲线
完全竞争企业面临的收益曲线

完全竞争企业面临的需求和收益

企业的短期决策
企业的供给的短期曲线
市场的短期供给曲线
市场供给曲线

完全竞争企业和市场的短期均衡

企业长期决策
企业长期供给曲线
市场的长期供给曲线
市场的长期供给曲线

完全竞争企业和市场的长期均衡

生产者剩余
市场总剩余

完全竞争市场的效率

完全竞争市场分析

企业收益、市场结构和利润最大化
企业收益
市场结构及其划分
利润最大化原则

一般分析

完全竞争市场

第一节　企业收益、市场结构和利润最大化

本节不仅将从一般意义上对收益函数和利润最大化原则进行介绍，而且还对市场类型的划分进行了讨论。

一、企业收益

企业收益

企业的总收益是指厂商销售产品得到的全部收入，即企业的销售收入。以 TR 表示总收益，以 P 表示产品的价格水平，以 q 表示销售量，则有：

$$TR(q) = P \cdot q = P(q) \cdot q$$

平均收益是指企业销售一定数量的产品，平均每一单位产品所得到的销售收入，等于总收益除以销售量，以 AR 表示平均收益，则有：

$$AR(q) = \frac{TR(q)}{q} = \frac{P(q) \cdot q}{q} = P(q)$$

习题

边际收益（marginal revenue）是指企业增加一单位产品销售所得到的总收入的增量，以 MR 表示边际收益，则有：

$$MR(q) = \frac{dTR(q)}{dq} = P(q) + q\frac{dP}{dq} = P(q)\left(1 + \frac{dP/P}{dq/q}\right)$$

由于需求价格弹性可表示为

$$E_d = -\frac{dP/P}{dq/q}$$

因此，边际收益 MR 函数又可表示为：

$$MR(q) = P(q)\left(1 - \frac{1}{E_d}\right)$$

【知识点解读】

理解收益概念需要注意，收益并不等于利润，收益是销售产品所得到的全部收入，既包括用于购买各种生产要素而支出的成本费用，也包括除去成本费用后所余下的经济利润。

掌握收益函数需要注意：第一，在西方经济学中，收益被看作是产量的函数。第二，收益函数中的 P = P(q) 表示的是企业面临的需求曲线，而不是市场需求曲线，反映的是市场价格与某个企业销售量

之间的关系，而不是市场价格与市场销售总量之间的关系。第三，由于在不同的市场结构中企业面临的需求是有差异的，因此收益函数的变动规律会呈现不同的特征。

掌握边际收益函数需要注意边际收益与需求弹性之间的关系为：当需求弹性等于 1 时边际收益为 0，说明此时增加产量不会使总收益发生变化，当需求缺乏弹性时边际收益为负，说明此时增加产量会使总收益减少，当需求富有弹性时边际收益为正，说明此时增加产量会使总收益减少。

二、市场结构及划分依据

根据市场中企业的数目、产品的差别程度、对价格的控制程度和进出市场的难易程度等特点，可以将市场结构分为四种类型：完全竞争、垄断竞争、寡头垄断及完全垄断。

一般来讲，如果在一个市场上，买卖双方的人数很多，买卖的商品完全相同，市场参与者之间的相互联系非常紧密，以至于每个参加者都具有充分的信息，进出该市场又不存在任何的障碍，那么，这就是一个完全竞争市场（competitive market）。反之，如果在这个市场上，由于存在对进出的限制导致只有一个卖主或买主，那就是垄断市场。如果卖主和买主都很多，且对进出的限制很少，但买卖的产品却略有差异，则这个市场就是垄断竞争市场，因为它既具有"竞争"的特点（很多的买主和卖主），又具有一定的"垄断"的特点（产品具有一定的差异）。最后，如果卖主或者买主不止一个，但也不是很多，而是只有少数几个，就构成了一个寡头市场，寡头市场通常存在严重的进出限制。

市场结构及
划分依据

习题

【知识点解读】

尽管严格意义上的完全竞争市场不存在，但这并不妨碍它成为我们分析的起点和重点，因为从对完全竞争市场的分析中，不仅可以得到关于市场机制及其资源配置的一些基本原理，还有助于我们分析和理解现实中的不完全竞争行为。

三、企业的利润最大化原则

企业获得利润最大化的原则是边际收益等于边际成本：

$$MR(q) = MC(q)$$

即企业生产最后一个单位的产品所带来的收益的增量与花费的成本的

企业的利润
最大化原则

习题

增量相等。如果边际收益大于边际成本（MR > MC），意味着企业生产的最后一单位产品带来的收益的增量大于生产这一单位产品所增加的成本，此时扩大产量会增加利润。如果边际收益小于边际成本（MR < MC），表明企业生产的最后一单位产品带来的收益的增量小于生产这一单位产品所增加的成本，此时减少产量会增加利润。因此，无论是边际收益大于边际成本还是小于边际成本，企业都没有实现利润最大化，都要调整其产量，只有在边际收益等于边际成本时，企业才不会改变产量，实现了利润最大化。

【知识点解读】

利润最大化的原则可以用数学公式来进行证明，以 π 表示利润有：

$$\pi(q) = TR(q) - TC(q)$$

利润最大化的一阶条件为：

$$\frac{d\pi(q)}{dq} = \frac{dTR(q)}{dq} - \frac{dTC(q)}{dq} = 0$$

得到：

$$MR(q) = MC(q)$$

利润最大化的二阶条件：$\dfrac{d^2\pi(q)}{dq^2} = \dfrac{d^2TR(q)}{dq^2} - \dfrac{d^2TC(q)}{dq^2} < 0$

即：

$$MR'(q) < MC'(q)$$

理解利润最大化的原则需要注意：第一，这里的利润是经济利润或超额利润，它与会计利润不同。第二，这是利润最大化的一般性原则，即任何企业，不管是在竞争性市场还是其他市场，都会利用这一原则来确定自己利润最大化的产量水平。第三，$MR(q) = MC(q)$ 是实现利润最大化的必要条件（一阶条件），而非充分条件，只有当同时满足边际收益的变化率小于边际成本的变化率（二阶条件 $MR'(q) < MC'(q)$）时，利润才达到最大。第四，利润最大只意味着企业达到了所能达到的最好的状态，但并不意味着企业一定实现了正的利润。如果利润最大化时企业是盈利的，则意味着企业把盈利扩大到了最大，如果利润最大化时企业是亏损的，则意味着企业把损失降到了最低。

【本节应掌握知识点】

- 总收益、平均收益、边际收益的含义
- 收益函数
- 市场类型的划分
- 利润最大化的一般原则

第二节 完全竞争企业面临的需求曲线和收益曲线

完全竞争企业面
临的需求曲线和
收益曲线

本节主要分析完全竞争市场企业面临的需求曲线和收益曲线。

一、完全竞争企业面临的需求曲线

完全竞争市场的特点决定了它是一个完全非个性化的市场，在这样的市场中每一个企业都认为市场价格与自身产量无关，无论生产多少都只能按一种价格——现行的市场价格进行销售，企业只是市场价格的接受者，而不是决定者，因此，企业面对的需求曲线就是一条由既定市场价格出发的水平线，如图4-1所示。

习题

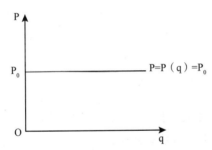

P=P（q）=P_0

图4-1 完全竞争企业面临的需求曲线

【知识点解读】

完全竞争企业面临的需求曲线在市场价格处是水平的意味着：一是在售价等于或低于市场价格时，企业可以出售任意数量的产品，如果售价高于市场价格，他能够出售的商品数量为零；二是不论单个企业如何调整其产量，都不会影响到市场价格；三是虽然市场价格不会因为单个企业的行为而改变，但这并不意味着完全竞争市场的价格是固定不变的。当市场供求状况发生变化时，市场均衡价格也将发生变化，相应地单个企业面对的需求曲线的位置也将发生上下平移。

二、完全竞争企业的收益曲线

由于完全竞争企业面临的需求曲线是水平线，即在每一销售量上企业的销售价格都固定不变，因此其平均收益曲线AR、边际收益曲

线 MR 与需求曲线三线重合均为水平线（如图 4-2（a）所示），总收益曲线 TR 则是一条由原点出发的射线，如图 4-2（b）所示，斜率恰好等于既定的价格水平 P_0。

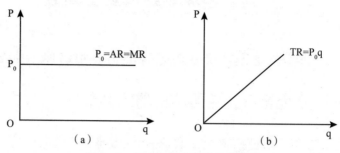

图 4-2　完全竞争企业的收益曲线

【知识点解读】

掌握完全竞争企业的收益曲线需要注意，对于所有的企业而言平均收益都等于市场价格，平均收益曲线都和需求曲线重合。完全竞争企业不同于其他市场类型企业的地方在于它的边际收益等于价格，边际收益曲线与水平的需求曲线重合，这意味着对于完全竞争企业而言每增加一单位产量带来的收益的增加就是不变的市场价格，相应的它的总收益就是产量的线性函数。

【本节应掌握知识点】

- 完全竞争企业面临的需求曲线
- 完全竞争企业的收益曲线

第三节　完全竞争企业的短期均衡

在短期，厂商只能在既定的规模下进行生产，本节主要讨论完全竞争企业的短期供给决策、短期供给曲线，以及整个市场的短期供给曲线和短期均衡。

一、利润最大化产量的决定

完全竞争企业
的短期决策

由于在完全竞争条件下，企业的边际收益等于既定的市场价格，因此利润最大化原则就可以表述为价格等于边际成本：

$$P = MR = MC(q^*)$$

这意味着，对一既定的市场价格，完全竞争企业将选择某一产量水平，使他所面临的边际成本刚好等于市场价格，从图形上看就是选择边际收益曲线和边际成本曲线的交点所对应的产量水平。

【知识点解读】

利润最大化产量的选择需要注意，当边际收益曲线和边际成本曲线的交点有两个时（见图 4-3），可根据利润最大化的二阶条件（边际成本曲线的斜率大于边际收益曲线的斜率），最终确定位于边际成本曲线向上倾斜部分的 q_2 才是价格为 P_1 时的利润最大化产量。

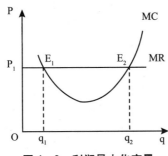

图 4-3　利润最大化产量

二、利润最大化和盈亏

厂商根据 $P = MC$ 确定了最优的产量水平，但此时究竟是盈利还是亏损则取决于最优产量下的平均成本与市场价格的比较。因为：

$$\pi(q^*) = TR(q^*) - TC(q^*) = AR(q^*) \cdot q^* - AC(q^*) \cdot q^*$$
$$= [P - AC(q^*)] \cdot q^*$$

所以，当 $P > AC$，如图 4-4（a）中的 P_1，厂商盈利，利润额等于 $(P - AC) \cdot q^*$，即阴影部分的面积；当 $P = AC$，如图 4-4（b）中的 P_2，价格恰好等于 AC 曲线的最低点，厂商利润为零，盈亏相抵；当 $P < AC$，如图 4-4（c）中的 P_3，厂商亏损，亏损额等于 $(AC - P) \cdot q^*$，即阴影部分的面积。

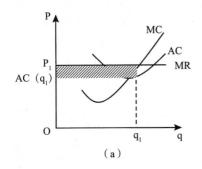

（a）

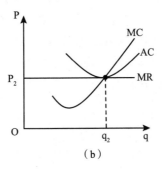

（b）

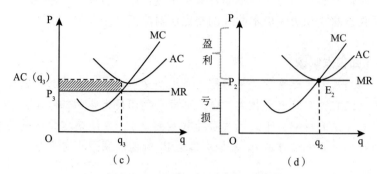

图 4-4　利润最大化产量上的盈亏

【知识点解读】

　　由于厂商边际成本曲线相交于平均成本曲线的最低点，因此当市场价格高于、等于和低于平均成本曲线最低点时，企业按 P = MC 确定的最优产量进行生产将分别处于盈利、盈亏相抵和亏损状态，如图 4-4（d）所示，平均成本曲线最低点（E_2 点）也被称为盈亏平衡点或收支相抵点（breakeven point）。

三、亏损时的决策

习题

　　当市场价格低于平均成本的最低点，企业按最优产量生产出现亏损时，企业是否要继续生产呢，取决于最优产量下的平均可变成本与市场价格的比较。因为：

$$\pi(q^*) = TR(q^*) - VC(q^*) - FC$$
$$= [P - AVC(q^*)] \cdot q^* - FC$$

　　所以，如果 AC > P > AVC，如图 4-5（a）中的 P_1，厂商即使亏损也会继续生产，因为生产商品获得的收益不仅可以弥补全部的可变成本，还可以弥补部分的固定成本，总比不生产亏损全部的固定成本要好；如果 P = AVC，价格恰好等于平均可变成本的最低点，如图 4-5（a）中的 P_2，在这种情况下，厂商继续生产也仅能收回全部可变成本，固定成本全部无法收回，因此生产不生产都一样；如果 P < AVC，如图 4-5（a）中的 P_3，厂商将选择停止营业，因为如果生产厂商不仅要亏损全部的固定成本，连可变成本也要亏损一部分。

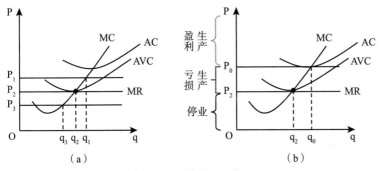

图 4 - 5　亏损时的企业决策

【知识点解读】

当市场价格大于等于平均可变成本曲线的最低点，短期中企业会选择按 P = MC 确定的最优产量进行生产销售，如果市场价格小于平均可变成本曲线最低点，企业将停止生产，如图 4 - 5（b）所示，平均可变成本的最低点也被称为停止营业点（shutdown condition）。

四、企业和市场的短期供给曲线

企业和市场的
短期供给曲线

习题

短期内，由于厂商无法调整生产规模，所以对于任意给定的价格，只要大于等于平均可变成本的最低点，厂商都会按照价格等于边际成本来安排生产，因此完全竞争企业的短期供给曲线，即在不同价格下企业愿意并且能够提供的产品数量，就是该厂商短期边际成本曲线位于平均可变成本曲线最低点以上的部分。

由于短期中厂商的数目是不变的，因此可以假定，价格发生变化，企业改变产量的行为不会引起要素需求进而要素价格的明显变化，于是市场的短期供给曲线可以通过将单个厂商的供给曲线（边际成本曲线）水平加总得到。

【知识点解读】

完全竞争企业的短期供给曲线严格来说是分段的，由两段互不连接的曲线共同构成，如图 4 - 6 所示。当价格高于或等于平均可变成本曲线最低点时，它是边际成本曲线上相应的部分，当价格低于平均可变成本曲线最低点时，它是纵轴上相应的部分。

如果价格变化后，所有企业改变产量的行为导致要素的价格改变，每个企业的边际成本曲线进而供给曲线就会发生变化，此时市场的供给曲线就不再等于所有企业边际成本曲线的简单加总。

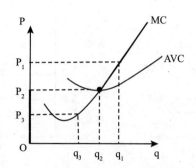

图4-6 完全竞争企业的短期供给曲线

五、生产者剩余和市场总剩余

生产者剩余和
市场总剩余

习题

生产者剩余（producer's surplus）是指企业销售一定数量的商品，按照市场价格获得的总收入与其生产这些商品的边际成本之间的差额，等于边际成本曲线（也即企业供给曲线）以上、市场价格线以下的面积，图4-7（a）描绘了企业在短期内的生产者剩余。将所有企业的生产者剩余加总起来可得到市场的生产者剩余，它等于市场供给曲线以上、市场价格线以下的面积，如图4-7（b）所示。

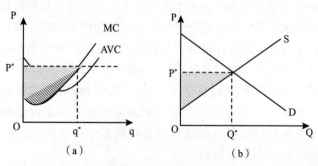

图4-7 生产者剩余

生产者剩余通常用来衡量厂商在市场供给中获得的经济福利的大小，它与消费者剩余的总和被称为总剩余，如图4-8所示。在经济学中，我们经常用总剩余的大小来衡量市场资源配置效率的高低和社会福利状况的变化。在一个完全竞争的市场上，市场均衡价格由供给曲线和需求曲线交点决定，代表消费者和生产者剩余的两个区域覆盖了需求曲线之下和供给曲线之上的全部面积，总剩余达到了最大，从这个意义上说完全竞争是最有效率的。

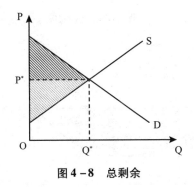

图 4 - 8　总剩余

【知识点解读】

企业的生产者剩余与企业利润密切相关，但不完全相等。在短期，边际成本之和等于可变成本，因此生产者剩余就等于总收益减去可变成本，而利润等于总收益减去总成本包括可变成本与固定成本，故短期中生产者剩余等于利润加上固定成本。在长期，边际成本之和等于总成本，故企业的生产者剩余就是企业利润。

知识点拓展 4.1

相对于生产者剩余的总量，通常我们更关注生产者剩余的变动，因为它可以反映生产者福利的改变情况。

【本节应掌握知识点】

- 短期完全竞争企业的供给决策
- 短期完全竞争企业和市场的供给曲线
- 生产者剩余和总剩余

第四节　完全竞争企业和市场的长期均衡

在长期，厂商不仅可以调整生产规模，还可以选择进入或退出一个行业。本节主要分析完全竞争企业长期的最优选择，市场长期均衡的性质以及企业和市场的长期供给曲线。

一、企业规模调整

在长期，完全竞争企业会根据 $P = AR = LMC$ 来确定最优产量、选择最优规模，此时究竟是盈利还是亏损取决于最优产量下的长期平均成本与市场价格的比较。如果成本情况如图 4 - 9 所示，厂商会将产量调整到 q_2，并按 SAC_2 曲线和 SMC_2 曲线所代表的最优生产规模

企业的长期决策

进行生产，此时厂商盈利，赚得的利润为阴影部分的面积。

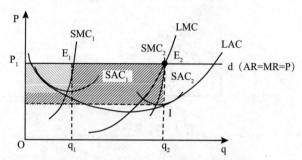

图4-9　完全竞争企业的长期规模调整

【知识点解读】

理解企业长期利润最大化的产量也一定满足短期最优的条件：根据短期和长期边际成本的关系（在长期中的每一产量水平上，长期边际成本都和代表最优规模的短期边际成本相等）可知，在长期边际成本等于市场价格的产量水平上，厂商所用最优生产规模的短期边际成本也与市场价格相等，因此图4-9中的q_2不只是长期利润最大化产量，同时也是最优规模SMC_2上的短期利润最大化产量。

二、行业规模调整

习题

在长期，行业内的企业经过规模调整后如果盈利，会吸引行业外的企业进入，导致供给增加，从而价格下降，利润下降；如果仍然亏损，它会选择退出，导致供给减少，从而价格上升，利润增加；直到行业内的企业处于一种既不亏损也不盈利，即经济利润为零的状态时，进入或退出才会停止，行业内的每个企业也就实现了长期均衡。此时，每个企业都在 LMC 曲线与 LAC 曲线的交点即 LAC 曲线的最低点处进行生产，同时也是最优规模短期平均成本 SAC 的最低点，如图 4-10 所示。

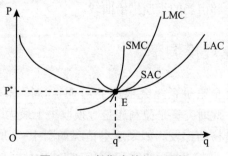

图4-10　长期中的行业调整

【知识点解读】

长期中完全竞争企业利润为零并不意味着该行业会消失，而是意味着该行业既不存在额外的超额利润吸引新要素进入，也没有理由使原有厂商离开，因此利润为零意味着一切生产要素均以市场价格支付，企业能够获得正常利润，此时厂商数目不再变化。

三、长期均衡

完全竞争市场长期均衡的性质：首先，边际收益等于长期平均成本和最优规模的短期边际成本，即 $MR = LMC = SMC^*$，说明每个企业都实现了长期利润最大化，同时也满足最优规模的短期利润最大化；其次，平均收益等于长期平均成本和最优规模的短期平均成本，即 $MR = LAC = SAC^*$，说明每个企业的经济利润都为零，没有哪个企业有激励进入或退出该行业，行业内厂商的数目不再改变；最后，由于完全竞争企业是价格的接受者，边际收益总是等于价格，因此有 $P = LAC = SAC^* = LMC = SMC^*$，说明厂商不仅在既定的技术下充分利用了各种资源以最低的成本进行生产，而且对产品的提供也达到了多生产一单位产品需要增加的成本恰好等于消费者愿意支付价格的水平，使资源得到了最有效率的配置。

习题

【知识点解读】

与长期均衡中行业内所有企业的经济利润都为零不同，在短期，行业内的完全竞争企业有的可能盈利、有的可能亏损，有的可能盈亏相抵经济利润为零。

四、长期供给曲线

长期中，完全竞争企业按照 $P = LMC$ 的原则选择产量，意味着，对于任意给定的价格厂商愿意提供的产量点一定位于其长期边际成本曲线上，而当市场价格低于厂商长期平均成本最低点时，厂商会选择退出市场。因此，厂商的长期供给曲线为厂商的长期边际成本曲线位于长期平均成本最低点以上的那部分。

长期供给曲线

由于长期中企业的数目是可变的，价格变化引发的行业的扩张和收缩可能会带来生产要素价格的变化，因此长期市场的供给曲线无法通过单个企业供给曲线的简单加总得到。考虑到行业的扩张和收缩引起投入价格变化的不同情况，完全竞争行业的长期供给曲线有三种：成本不变行业（constant cost industry）的长期供给曲线，成本递增行业（increasing cost industry）的长期供给曲线，成本递减行

习题

业（decreasing cost industry）的长期供给曲线，如表4-1所示。

表 4-1　　　　　　　　完全竞争市场的长期供给曲线

类型	特征	供给曲线形状
成本不变行业	当行业扩张或收缩时，投入要素的价格不发生变化	长期供给曲线是一条水平线，价格等于长期平均成本的最低值
成本递增行业	当行业扩张时，投入要素的价格随着需求的增加而提高	长期供给曲线向右上方倾斜
成本递减行业	当行业扩张时，投入要素的价格随着需求的增加而下降	长期供给曲线向右下方倾斜

【本节应掌握知识点】
- 长期完全竞争企业的最优选择
- 长期均衡的性质
- 长期完全竞争企业和市场的供给曲线

本章练习题

单项选择题解析

一、单项选择题

1. 完全竞争市场的基本特点不包括（　　）。
A. 有无数个企业参与竞争
B. 企业生产和销售完全相同的产品
C. 没有市场进入退出壁垒
D. 企业可以自由决定自己的产品价格

2. 为了获取最大利润，完全竞争企业和完全垄断企业都会选择（　　）。
A. 边际收益等于价格　　　　B. 边际收益等于边际成本
C. 边际成本等与价格　　　　D. 总收益等于总成本

3. 完全竞争市场短期均衡时，企业的利润（　　）。
A. 正
B. 负
C. 零
D. 可能为正，可能为负，也可能为零

4. 假定完全竞争厂商在某一产量水平上的边际成本、平均成本和平均收益都等于1元，则这个厂商（　　）。

A. 肯定只获得正常利润

B. 肯定没获得最大利润

C. 是否获得最大利润不能确定

D. 肯定获得最少利润

5. 短期中完全竞争企业可能发生的最大亏损是（　　　）。

A. 厂商的固定成本　　　　　B. 厂商的可变成本

C. 零　　　　　　　　　　　D. 厂商的总成本

6. 一个利润最大化企业在亏损的情况下依然生产，产品价格为100，则（　　　）。

A. 平均总成本小于100　　　B. 平均固定成本小于100

C. 边际产量增加　　　　　　D. 平均可变成本小于100

7. 关于追求短期利润最大化的某竞争性企业，下面哪一项说法不正确（　　　）。

A. 总收入应大于总成本

B. 价格应大于平均可变成本

C. 价格应等于边际成本

D. 产量应选择在边际成本曲线上升区域

8. 如果在长期中，某完全竞争行业商品的价格是18，则对此行业中的每一个企业来说（　　　）。

A. 边际成本 > 平均成本 = 18　　B. 边际成本 < 平均成本 = 18

C. 边际成本 = 平均成本 = 18　　D. 18 = 边际成本 > 平均成本

9. 某完全竞争厂商的长期成本函数为 $LTC(q) = 3q^2 + 27$，$q > 0$，请问使得该厂商生产的最低价格应为多少？（　　　）

A. 36　　　　B. 44　　　　C. 9　　　　D. 18

10. 一个完全竞争企业发生亏损时，所在行业在趋于长期均衡过程中可能发生的情况是（　　　）。

A. 较高的价格和较少的厂商　　B. 较低的价格和较多的厂商

C. 较高的价格和较多的厂商　　D. 较低的价格和较少的厂商

二、多项选择题

1. 完全竞争市场中厂商的平均收益曲线有（　　　）。

A. 向右上方倾斜

B. 与边际收益曲线重合

C. 水平的

D. 与厂商所面对的需求曲线重合

2. 厂商达到利润最大化的条件有（　　　）。

A. MR = MC

B. 边际收益的变化率小于边际成本的变化率

多项选择题解析

C. MR 大于 MC 的差额最大

D. TR 大于 TC 的差额最大

3. 完全竞争厂商的长期供给曲线有（   ）。

A. 向右上方倾斜

B. 水平的

C. 位于长期平均成本最低点以上的长期边际成本曲线

D. 需根据成本变动状况来决定

4. 完全竞争市场的长期均衡条件包括（   ）。

A. 价格等于边际收益　　　　B. 价格等于长期边际成本

C. 价格等于长期平均成本　　D. 价格等于短期平均成本

5. 完全竞争市场的结果有（   ）。

A. 使总剩余最小化　　　　　B. 使总剩余最大化

C. 导致社会成员的平等　　　D. 资源配置效率最高

6. 以下关于完全竞争厂商说法正确的有（   ）。

A. 完全竞争厂商短期内可以获得正常利润

B. 完全竞争厂商长期内可以获得超额利润

C. 完全竞争厂商短期内可以获得超额利润

D. 完全竞争厂商长期内可以获得正常利润

7. 短期，在完全竞争企业的停止营业点上，应有（   ）。

A. 企业处于亏损状态

B. P = AVC

C. 亏损等于全部的固定成本

D. 企业生产才亏损，不生产不亏损

8. 关于完全竞争企业供给曲线表述正确的有（   ）。

A. 短期供给曲线是 SMC 上升部分

B. 短期供给曲线是 SMC 超过停止营业点的右侧部分

C. 长期供给曲线是 LMC 上升部分

D. 长期供给曲线是 LMC 超过收支相抵点的右侧部分

9. 当一个完全竞争行业实现长期均衡时，每个企业有（   ）。

A. 显成本和隐成本都得到补偿

B. 经济利润都为零

C. 行业中没有任何厂商再进出

D. 都实现了利润最大化

10. 完全竞争市场上成本不变行业中包括（   ）。

A. 长期供给曲线是水平的

B. 长期供给曲线是向右上方倾斜的

C. 行业产量变化对要素价格不产生影响

D. 行业产量增加引起要素价格上升

三、判断题

1. 企业绝不可能在需求缺乏弹性的点上实现利润最大化。
（　　）

判断题解析

2. 在完全竞争市场中，既然企业是既定价格的接受者，那么决定市场价格的就是消费者。（　　）

3. 当价格大于边际成本时完全竞争厂商将增加产量。（　　）

4. 长期均衡时完全竞争市场内所有厂商的经济利润都为零，每个厂商仅获得正常利润。（　　）

5. 对完全竞争厂商而言，短期内高固定成本固然是厂商亏损的主要原因，但不是厂商停产的理由。（　　）

6. 均衡时完全竞争市场上每个厂商获得的利润都相同。（　　）

7. 完全竞争厂商总是在长期平均成本最小化的地方生产。
（　　）

8. 完全竞争市场中企业停止生产的条件是 $P = AC$。（　　）

9. 政府对生产者征税会降低企业的福利、增进消费者的福利。
（　　）

10. 完全竞争市场需求的增加将会导致长期均衡价格的上升。
（　　）

四、分析题

1. 为什么 $MR = MC$ 是利润最大化的必要条件？当某厂商实现了利润最大化时，它一定是盈利的吗？

分析题解析

2. 利润最大化原则 $MR = MC$ 为什么在完全竞争条件下可表述为 $MC = P$？

3. 厂商在短期发生亏损后仍继续生产，这是理性的选择吗？为什么？

4. 在长期均衡中，为什么完全竞争企业的利润为零？此时，厂商会退出市场吗，为什么？

5. 假设某市有1000个打印社，每个打印社的平均成本曲线通常都是 U 形，该市场的需求曲线向右下方倾斜，市场处于长期竞争均衡状态。

（1）画出打印市场的均衡图，以及处于这个均衡状态的单个打印社的图形。

（2）假如政府决定通过发放许可证的方式将打印社的数量控制在800个，试画图分析该政策对市场和仍待在市场中的某个打印社的影响。

计算题解析

五、计算题

1. 假设某完全竞争厂商的成本为 $TC = 4q^2 + 16$，试求：

（1）当价格在哪一区间时厂商的产量为正？

（2）当价格在哪一区间时厂商的利润为负？

（3）当价格在哪一区间时厂商的利润为正？

2. 完全竞争行业中某企业的成本函数为：$TC = q^3 - 6q^2 + 30q + 40$，试求：

（1）假设产品价格为 66 元，利润最大化时的产量及利润总额。

（2）由于供求关系发生变化，由此决定的新价格为 30 元，在新价格下厂商是否会发生亏损？如果会，最小的亏损额是多少？

（3）该厂商在什么情况下会停止生产？

（4）厂商的短期供给函数。

3. 完全竞争市场上，单个厂商的长期成本函数为：$LTC = q^3 - 20q^2 + 200q$，价格 $P = 600$，求：

（1）实现利润最大化时企业的产量、平均成本及利润。

（2）厂商是否处于长期均衡，为什么？

（3）长期均衡时厂商的产量、平均成本及利润。

4. 在一个完全竞争市场中，行业的生产成本不变，单个厂商的长期成本函数为：$LTC = q^3 - 40q^2 + 600q$，又假设该市场的需求函数为 $Q = 13000 - 5P$，试求：

（1）该行业的长期供给曲线是什么？

（2）该行业实现长期均衡时的厂商数量是多少？

5. 假设某完全竞争行业有 100 个相同的厂商，每个厂商的成本函数为 $STC = 0.1q^2 + q + 10$。

（1）求市场供给函数。

（2）假设市场需求函数为：$Q_D = 4000 - 400P$，求市场的均衡价格和产量。

六、论述题

1. 试述完全竞争市场中厂商的短期均衡。

2. 试述完全竞争市场长期均衡的实现过程和特点。

论述题解析

第五章
不完全竞争市场

学习目标

通过本章的学习，学生应理解：

- 垄断和自然垄断形成的原因
- 垄断企业面对的需求曲线及其边际收益曲线的特性
- 非完全竞争企业的供给行为不能用函数描述及其原因
- 垄断企业的供给行为不能用函数描述，但这并不妨碍研究其供给行为和市场均衡。重点学习掌握垄断企业的短期和长期均衡以及两种定价行为，即统一定价和价格歧视，而价格歧视又可细分为三种价格歧视行为
- 垄断企业在短期均衡时的盈利状况，在长期均衡时的盈利状况以及最优生产规模的选择问题
- 垄断竞争市场的特性
- 对垄断竞争企业竞争行为的假定及其面对的两种需求曲线，即主观和客观需求曲线
- 垄断竞争企业短期均衡的调整过程及均衡的条件
- 垄断竞争企业产期均衡的条件及其原因
- 寡头企业的竞争行为假定
- 寡头竞争的模型：古诺模型、价格领袖模型和斯威齐模型
- 博弈的基本要素及纳什均衡的定义
- 完全信息静态博弈中纳什均衡的求解和简单的精练
- 四种市场结构效率的静态比较和动态比较

本章概要

本章主要学习不完全竞争市场的特征。不同市场结构中企业所面对的需求曲线和收益曲线；非完全竞争厂商的供给行为不能用函数描述的原因；不完全竞争企业的短期均衡和长期均衡。在垄断市场中，重点学习垄断企业统一定价下的低效率问题，差别定价的价格歧视行为主要学习一级、二级和三级价格歧视，价格歧视学习的重点在于理解学习三种价格歧视行为的内涵、消费者剩余和生产者剩余的分配以及市场效率问题。垄断竞争市场重点讲解垄断竞争企业面对的需求曲线为何区分为主观需求曲线和客观需求曲线，垄断竞争企业短期和长期竞争均衡的条件以及盈利状况。寡头市场重点理解寡头竞争的复杂性，寡头竞争时将区分每一个竞争对手，根据每一个竞争对手的特点制定差异化的竞争策略。由于寡头竞争纷繁复杂而又千变万化，通常采用经典列举法讲解若干经典的寡头竞争格局，并用寡头竞争模型进行解析。重点学习和掌握古诺模型、价格领导模型、卡特尔模型和斯威齐模型。博弈论是专门研究少数主体之间根据对手竞争行为决定自身最优竞争行为的理论，是研究千差万别、千变万化的寡头竞争行为的有力工具，弥补了寡头竞争模型数量有限和代表性不足的局限性。博弈论主要学习纳什均衡的内涵，学习掌握完全信息静态博弈下如何寻找纳什均衡，了解如果找到多个纳什均衡如何剔除多余不可信的纳什均衡保留唯一可信的纳什均衡，也即纳什均衡的精炼问题。

本章知识逻辑结构图

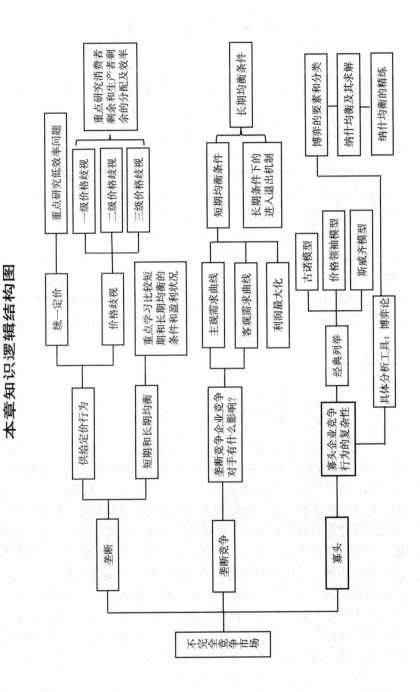

第一节 垄 断

垄断（monopoly）是指独家企业在市场上出售独一无二没有相近替代品的商品，由于存在很高的资金壁垒、技术壁垒、行政壁垒、法律壁垒，或者是由于规模经济，再或者由于垄断了某种资源，导致其他企业很难进入到该市场中。垄断企业面对的需求就是整个市场的需求，他可以根据市场需求调整价格影响销量以实现利润最大化。包括垄断在内的非完全竞争企业的供给行为不能用函数描述。针对垄断企业重点研究其供给行为中的定价行为以及短期和长期均衡时的盈利状况。垄断企业短期既可能盈利获得超额利润也可能亏损，但是只要价格高于平均变动成本即使亏损也要生产，垄断企业长期可以获得超额利润。垄断企业的定价分为统一定价和价格歧视（price discrimination）。垄断企业统一定价时根据边际收益等于边际成本定价，产生无谓损失（deadweight loss），经济效率低。垄断企业实行价格歧视分为一级、二级和三级价格歧视，各种价格歧视的定价方式和经济效率各有特点。

一、垄断及其原因

垄断及其原因

习题

垄断是指企业在市场上是独一无二的生产者，市场上"只此一家"。垄断形成的原因主要包括资源垄断、特许垄断、专利垄断和自然垄断。所谓资源垄断是企业独占了某种关键性的资源而形成的垄断。特许垄断主要是政府通过利用行政和法律强制手段，只允许某一家其他生产经营特定产品，比如烟草的特许生产和特许经营。专利垄断企业通过注册专利，在专利期内，法律保护其对某种产品的独占生产经营，市场上又找不到相近的替代品，这时就构成所谓专利垄断。自然垄断是因为一些产品的生产在很高的产量水平下仍然呈现出长期平均成本不断下降的趋势，也即呈现出规模经济的特性。由于产量越大平均成本越低，市场占有率高，产量大的企业具有优势，市场自发发挥作用将逐渐形成一家企业垄断市场的局面，这一家企业生产就可以满足整个市场的需要，构成自然垄断。

垄断市场中企业就是行业，产品不能替代，企业是价格决定者，存在很高的进入障碍，可以实行差别定价。

【知识点解读】

判断垄断的关键在于观察市场上是否有生产相近替代产品的企业，如果没有任何企业能够生产相近的替代品，该种产品的生产者才构成垄断。除了上述垄断形成的原因，还有其他形成垄断的原因，比如市场进入需要巨量资金，或者具有很高的技术难度，其他企业难以达成。本节后续内容将证明统一定价的垄断企业经济效率低，这构成了反垄断的依据。对于一般的垄断企业而言，将垄断企业拆分是反垄断的可选手段。但对于自然垄断企业而言有时拆分并不能完全解决问题。比如对自然垄断企业而言，拆分以后每家企业的销量降低，这会导致平均成本的上升和价格的提高。后面将对自然垄断的规制进行详细论述。

垄断企业的产品必须是没有任何相近替代品的产品，具有独一无二的特性。比如云南白药虽然属于独家产品，但是由于类似的止血产品较多，因此不构成垄断。

二、垄断企业的需求曲线和收益曲线

由于市场上只有一家企业形成垄断，该垄断企业面对的需求曲线就是市场的需求曲线。根据需求原理，通常是一条向下倾斜的线。垄断企业可以通过改变价格影响销量。垄断企业面对的需求曲线，如果向下倾斜为一条直线，则边际收益线也是一条向下倾斜的直线，横截距是市场需求曲线横截距的一半。总收益呈现倒 U 形，经过原点和面对需求曲线横截距点，当 MR = 0 时取得最大值。线性需求曲线与边际收益和总收益的关系，如图 5 – 1 所示。

垄断企业的需求
曲线和收益曲线

$$AR(Q) = a - bQ$$
$$TR(Q) = aQ - bQ^2$$
$$MR(Q) = a - 2bQ$$

习题

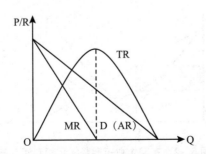

图 5 – 1　线性需求曲线与边际收益和总收益的关系

如果市场需求曲线向下倾斜但不是直线，则边际收益有一般计算式：

$$MR = P\left(1 - \frac{1}{e_d}\right)$$

【知识点解读】

这是边际收益的一般计算式，可以适用于所有市场类型。边际收益的一般计算式中的 e_d 代表需求的价格弹性。对非竞争性企业而言，面对的需求曲线上每个点的需求价格弹性不同，边际收益因而也不相同。对完全竞争企业而言因为其面对的需求曲线为确定价格，e_d 为无穷，因而边际收益等于确定的价格 P。

只有垄断企业面对的需求曲线是市场需求曲线。

垄断企业的
短期均衡

习题

三、垄断企业的短期均衡

垄断企业在短期内短期均衡的条件是边际收益等于短期边际成本。与完全竞争厂商不同，垄断企业的边际收益线向下倾斜且位于面对需求曲线的下方，短期均衡时的定价高于边际成本。短期均衡时可能获得超额利润，也可能亏损，亏损仍然生产的条件和完全竞争企业一样，都是价格高于平均变动成本。

垄断企业的供给行为不能用函数描述。垄断企业面对的需求曲线向下倾斜就是市场的需求曲线，随着消费者收入或者预期发生变化，需求曲线可能发生变动。当需求曲线发生变动的时候，有可能出现同一个产量下，垄断企业面对不同的需求制定不同的价格；或者出现同一个价格水平下由于面对不同的需求曲线而生产不同的产量。产量和价格之间的对应关系不再是函数对应关系。垄断企业的短期均衡，如图 5−2 至图 5−6 所示。

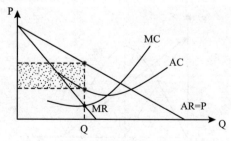

图 5−2　垄断企业短期获得超额利润示意

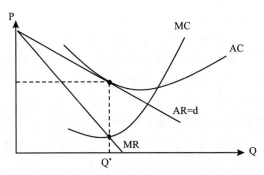

图5-3　垄断企业短期获得正常利润示意

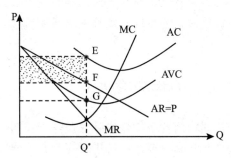

图5-4　垄断企业短期亏损仍然生产示意

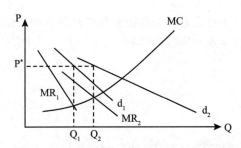

图5-5　面对不同的需求非完全竞争企业的一价格对于多产量

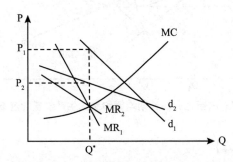

图5-6　面对不同的需求非完全竞争企业的一产量对应多价格

【知识点解读】

垄断企业短期均衡时的盈利状况与完全竞争企业类似。因为按照短期的内涵，垄断企业和完全竞争企业都没有足够的时间改变所有要素的数量，短期内资本数量是不变的，企业只能决定是否生产而无法进入或者退出一个行业，只有长期才考虑进入退出的影响。垄断企业短期既可能盈利，也可能亏损，亏损还进行生产的条件仍然是价格高于平均变动成本而低于短期平均成本，当价格低于平均变动成本时停产。

垄断企业的供给行为不能用函数描述并不妨碍研究垄断企业的均衡和供给行为，尤其是研究垄断企业短期和长期均衡时的盈利状况和供给行为中的定价行为，包括统一定价和价格歧视行为是垄断企业学习的核心问题。

垄断企业的
长期均衡

习题

四、垄断企业的长期均衡

垄断企业的长期均衡的条件是边际收益等于长期边际成本。由于垄断市场进入壁垒非常高以至于市场进入变为不可能，所以垄断企业长期均衡重点考察最优生产规模的选择问题。如图 5-7 所示最优生产规模对应的短期边际成本线 MC^* 经过 AC^* 的最低点，也经过 LMC 和 MR 的交点。垄断企业长期均衡时获得超额利润，由于市场没有新进入的企业所以垄断利润得以维持。

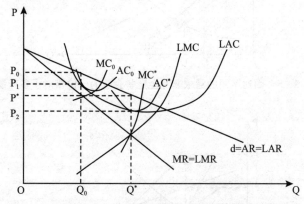

图 5-7　垄断企业的长期均衡和最优生产规模的选取示意

【知识点解读】

长期通常需要同时考虑最优生产规模的选取问题和进入问题，对垄断企业而言由于存在法律壁垒、行政壁垒、技术壁垒和资金壁垒，或者可能独占某种资源，其他企业不可能进入市场。所以垄断企业长期可以获得超额利润，反观完全竞争或者垄断竞争企业，由于市场进入壁垒低，他们在长期只能获得正常利润。

【知识点扩展】

垄断企业统一定价时产生无谓损失，是低效率的，如图 5-8 所示。

知识点扩展 5.1

习题

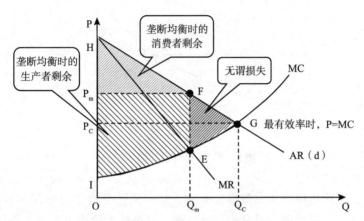

图 5-8　垄断企业统一定价的低效率示意

垄断企业统一定价是指按照统一的价格出售所有商品，根据垄断企业短期均衡和长期均衡的分析，垄断企业短期和长期的定价均高于边际成本；而完全竞争企业短期均衡时定价价格等于边际成本，长期均衡时定价定于长期边际成本和长期平均成本。以完全竞争企业 P＝MC 的定价行为作为参考，垄断企业的定价由于 P＞MC。垄断企业的产量相较于 P＝MC 时的产量而言存在损失，造成社会福利三角形，称为无谓损失，是低效率的。

垄断企业的低效率问题是针对统一定价而言，当垄断企业实施差别定价或者说价格歧视时，经济效率需要另外讨论。

五、价格歧视

垄断企业有时会实施价格歧视行为，把相同的产品以不同的价格卖给不同的消费者，因而价格歧视是一种差别定价行为。按照差别定价的具体方式不同又可以细分为一级价格歧视、二级价格歧视和三级价格歧视。

一级价格歧视是沿着需求曲线逐渐降价，产品逐一售卖，每一单位产品都按照市场上消费者愿意支付的最高价格卖给不同的消费者，如图 5-9 所示。一级价格歧视可以实现最高的经济效率，利润最大化考虑，最后一单位产品的定价等于边际成本，这和完全竞争企业类似，可以实现最高经济效率，消费者剩余为 0 并全部转化为生产者剩余。

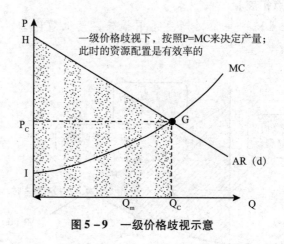

图 5 – 9　一级价格歧视示意

　　二级价格歧视并非逐单位差别定价，而是分批实施不同的价格，对超过一定数量的产品分批降低价格，又被称为阶梯定价或者非线性定价。二级价格歧视最后一批的定价可以等于边际成本，因而可能实现最高经济效率。消费者剩余被部分保留，如图 5 – 10 所示。

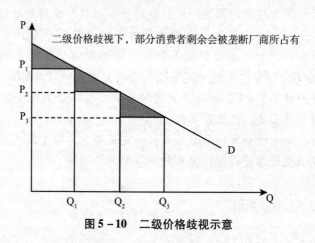

图 5 – 10　二级价格歧视示意

　　三级价格歧视是将消费者分组，每组制定不同的价格。三级价格歧视下，企业根据每个分割市场不同的需求特性，在不同市场上实行不同的价格，而在同一个市场则实行相同的价格。为了达成利润最大化，实施三级价格歧视时，在每一个分割市场上的边际收益趋向一致，并等于边际成本。三级价格歧视下垄断企业在需求价格弹性较小市场的定价高于弹性较大的市场。

【知识点解读】

垄断企业的低效率是针对统一定价而言的，根据上述分析，一级价格歧视可以实现最高经济效率。二级价格歧视有可能实现最高经济效率。

【本节应掌握知识点】

- 垄断的原因
- 自然垄断的含义
- 垄断市场的特征
- 垄断企业面对的需求
- 垄断企业的边际收益曲线
- 垄断企业短期的盈利情况
- 垄断企业统一定价及其低效率
- 垄断企业的价格歧视及其市场效率

第二节 垄断竞争

本节从讲述垄断竞争（monopolistic competition）市场的特性出发，通过讲解垄断竞争企业面对的需求曲线和边际收益的特性，结合垄断竞争企业的竞争行为特性，从短期和长期两个方面阐明垄断竞争企业的竞争均衡。

一、垄断竞争的特点

垄断竞争企业与完全竞争企业最大的不同在于生产的产品与其他产品存在某些差异。垄断竞争市场上也存在很多企业，每一个企业占有的市场份额微不足道。由于产品有所差别，垄断竞争企业可以一定范围内的调整价格影响和改变销量，这与完全竞争企业不能改变产品价格有所不同。

垄断竞争的特点

习题

【知识点解读】

垄断竞争企业产品之间的差别并像垄断企业那样，垄断企业的产品与其他企业的产品存在绝对产品，或者说市场上没有相近的替代品，而垄断竞争市场上不同产品之间存在较大可替代性，也就是说产品差别是有限的。

垄断竞争企业的
需求曲线和
收益曲线

习题

二、垄断竞争企业的需求曲线和收益曲线

由于垄断竞争企业的产品存在差别并且可以在一定范围内改变价格影响销量，因此垄断竞争企业面对的需求曲线向下倾斜，但斜率比市场需求曲线平缓。

如果不考虑垄断竞争企业的竞争对手带来的影响，单纯某一个企业改变产品价格，则该企业面对的需求曲线相对平缓。我们将某个企业单独改变价格而竞争对手不改变价格，垄断竞争企业面对的比较平缓的需求曲线称为主观需求曲线。主观需求曲线经常变动。根据第一章所述，如果影响需求的其他因素不变，包括竞争对手替代产品的价格保持不变，则主观需求曲线不会发生移动；但是如果其他因素，比如竞争对手的替代产品改变价格就会引起主观需求曲线的移动。

与主观需求曲线对应的边际收益曲线也向下倾斜并且位于主观需求曲线下方。

垄断竞争企业之间的竞争是客观存在的，当某个企业改变价格时，竞争对手通常会做出反应。比如某个企业降价，其他竞争对手正常的反应是同步降价。我们将某个企业改变价格，竞争对手进行对等反应也同样改变价格后，该企业面对的需求曲线称为客观需求曲线。客观需求曲线通常比主观需求曲线陡峭。如果没有新厂商进入，垄断竞争企业的市场份额不变，客观需求曲线不会移动。否则客观需求曲线会发生移动，更多企业的进入会导致原企业市场份额降低，客观需求曲线左移，反之右移。垄断竞争企业的两类需求曲线如图 5 – 11 所示。

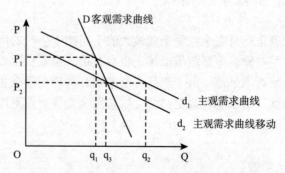

图 5 – 11　垄断竞争企业的两类需求曲线示意

【知识点解读】

对完全竞争企业而言，其他企业对自己影响是确定的价格。对完全垄断企业而言，不用考虑别的企业，因为别的企业产品不能与自己

的产品进行替代，不构成竞争关系。对垄断竞争企业而言，别的企业对自己的影响是进行对等反应以后的客观需求曲线。

三、垄断竞争企业的短期均衡

垄断竞争企业的主观需求曲线向下倾斜，与之对应的边际收益曲线称为主观边际收益曲线，随着市场竞争的变化，主观需求曲线会发生移动，主观边际收益曲线也会发生变动。短期内竞争均衡的达成要求垄断竞争企业主观上实现利润最大化，也即形成边际成本与主观边际收益曲线的交点，并按照交点确定利润最大化的产量和定价。而根据均衡的本质，要得到稳定的均衡还需要竞争对手不再对该产量下的定价做出反应，也即已经得到竞争对手对等反应的认可。也就是说客观需求曲线要经过主观需求曲线上利润最大化的产量和价格组合。形成主观需求曲线与客观需求曲线的交点，与边际成本和主观边际收益的交点，两个交点呈现共垂线的关系。这就是垄断竞争企业短期均衡的条件。因此，垄断竞争市场短期均衡的条件是：主观边际收益等于短期边际成本。同时需要满足主观需求曲线 d 与客观需求曲线 D 相交。垄断竞争企业的短期均衡如图 5-12 所示。

垄断竞争企业的
短期均衡

习题

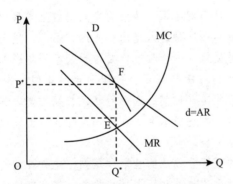

图 5-12　垄断竞争企业的短期均衡示意

【知识点解读】

两点共垂线在几何学上是一种偶然，但是如果上述两个交点不共垂线，市场存在内在的调整机制使二者最终共垂线。所以垄断竞争企业可以获取竞争均衡。

四、垄断竞争企业的长期均衡

从短期转到长期一是要考虑最优生产规模的选择问题；二是要考虑市场进入退出机制的影响。垄断竞争企业的长期只能获得正常利

垄断竞争企业的
长期均衡

润。均衡条件是 LMR = LMC = MR = SMC 且 LAR = LAC = AR = SAC。垄断竞争企业长期均衡及最优生产规模的选择如图 5 - 13 所示。

习题

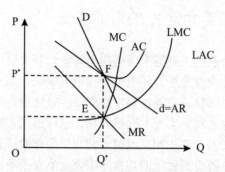

图 5 - 13　垄断竞争企业长期均衡及最优生产规模的选择

【知识点解读】

　　因为垄断竞争市场进入壁垒低，假如代表性企业长期可以获得超额利润则必然会吸引更多的企业进入市场。替代产品的增加会使主观需求曲线向下移动，同时客观需求曲线由于市场份额的下降也会向左下方移动，从而使主观需求曲线和客观需求曲线的交点向左下方移动，这会压低均衡价格挤出利润。如果代表性企业长期亏损，就会有企业退出市场，从而两种需求曲线的交点向右上方移动，抬高均衡价格减小亏损。最终在这种进入退出机制的作用下，代表性厂商获得正常利润，也就是最终的产量和定价要位于长期平均成本曲线上；此时短期均衡的条件仍然需要满足，也即两点共垂线的条件需要得到满足；同时考虑最优生产规模的选择问题，长期均衡时选择的最优生产规模所对应的短期平均成本曲线和短期边际成本曲线也要与最优生产规模选择原理相符合。

　　有的教材并不区分收益的长期和短期，比如长期边际收益和短期边际收益，长期平均收益和短期平均收益。在马克思主义理论研究和建设工程教材（以下简称"马工程教材"）中则对此进行了区分。图 5 - 13 中的边际收益没有区分长期和短期。

【知识点扩展】

　　垄断竞争厂商的效率低于完全竞争，但高于垄断，垄断竞争市场存在的效率损失与垄断市场有很大不同，垄断竞争市场以效率损失为代价为消费者带来了产品多样化的选择。

知识点扩展5.2

【本节应掌握知识点】
● 垄断竞争的市场特性

- 垄断竞争企业面对的两类需求曲线
- 垄断竞争的短期均衡
- 垄断竞争的长期均衡

第三节　寡　头

寡头（oligopoly）市场中存在少数几家企业，他们的产品可能有差别也可能没有差别，进入退出壁垒比较高。寡头竞争是最为复杂的竞争类型，历史上形成了若干经典的寡头竞争模型，每一个寡头竞争模型都刻画和解析了一个经典的寡头竞争格局。本节将重点介绍古诺模型（Cournot model）、价格领袖模型（又被称作价格领导模型）、斯威齐模型（Sweezy model）和卡特尔模型（Cartel model）。

一、寡头的含义及其特征

寡头市场中少数几家大企业控制着全部或者大部分产品的生产和销售，产品可以有差别称为差别寡头，也可以没有区别称为纯粹寡头。寡头市场也存在较高的进入壁垒。形成寡头市场的条件与形成垄断的条件类似，包括资源控制、政府特许、专利法律保护和规模经济等。

在只存在少数几家企业的寡头市场上，企业之间的竞争表现为钩心斗角，竞争格局千变万化，参与者需要根据竞争对手的特点和竞争行为制定差异化的竞争战略。通常用寡头竞争模型描述不同的竞争格局下寡头之间的竞争行为。

寡头的含义
及其特征

习题

【知识点解读】

寡头市场是最为复杂的一种市场类型，原因在于企业之间的竞争行为表现为每一个寡头企业会根据竞争对手的特性制定差异化的竞争战略。寡头企业不像完全竞争企业那样面对确定的价格；不像垄断企业那样不用考虑竞争对手的影响；也不像垄断竞争企业那样进行对等反应，将其他企业对自己的影响抽象为客观需求曲线。

由于寡头竞争格局异常复杂，而经典的寡头竞争模型是有限的，很难适应分析所有竞争格局下的寡头竞争行为，博弈论的产生为研究寡头竞争行为提供了具体的分析工具。

古诺模型

习题

二、古诺模型

古诺模型是研究寡头进行产量竞争的模型，这个模型有若干假定，其中有些是必不可少的假定，这些必不可少的假定包括产品是同质的，寡头之间围绕产量进行竞争。还有一些假定可以根据需要进行拓宽，比如双寡头竞争可以拓展为 n 寡头竞争；寡头的成本可以假定一样甚至为零，但是根据需要可以扩展为成本不为零和不相等。为了简化起见模型通常假定为双寡头企业，面对的市场需求曲线为线性函数，两个企业的成本为零。

【知识点解读】

古诺模型体现出根据竞争对手的特性制定自身竞争战略的思想，在模型中表现为企业的反应函数。求解两个企业反应函数是古诺模型的关键，反应函数的背后是每个企业的利润最大化行为。

三、价格领袖模型

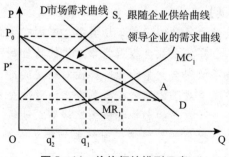

价格领袖模型

习题

价格领袖模型又被称为价格领导模型，该模型的竞争格局与古诺模型有所不同，两个寡头之间并非对称，呈现出非对等特性，实力较强的寡头作为领袖知晓市场需求曲线，领袖企业制定领导价格，在该领导价格下由于领导企业知晓跟随企业的供给函数因而能确定跟随企业的供给数量，并根据市场需求函数减去跟随企业的供给量，计算出自己面对的需求曲线和边际收益，根据自己的边际收益等于边际成本，确定自己的利润最大化产量 q_1^* 和领导价格 P^*，如图 5-14 所示。

图 5-14 价格领袖模型示意

【知识点解读】

价格领袖模型是描述非对等寡头竞争的模型，领袖企业确定领导价格最终实现自身的利润最大化。有时领导企业会确定领导产量，这种竞争行为由斯塔克尔伯格模型描述。

四、斯威齐模型

斯威齐模型的提出是为了解释现实中的寡头企业在成本变化后有时并不会改变利润最大的产量和价格，显示出价格变动具有一定的刚性。解释的关键在于寡头之间竞争过程中通常只对竞争对手的降价行为进行反应而不对竞争对手的涨价行为进行反应。这样在某个市场均衡初始价格下，如果某个企业提高价格从而高于原来的价格，竞争对手不反应，该企业将面对比较平缓的主观需求曲线，而降价时竞争对手进行对等降价该企业将面对比较陡峭的客观需求曲线。该企业面对的需求曲线在原来均衡价格处发生折弯，由此两段折弯的需求曲线对应跳跃的边际收益曲线，当边际成本发生变化恰好位于两段边际收益曲线空挡处时，寡头企业并不会改变自己的产量和定价。

习题

【知识点解读】

如图 5-15 所示，斯威齐模型中寡头竞争跟跌不跟涨的行为是造成需求曲线折弯和边际收益曲线不连续的根源，而这是价格刚性的根本原因所在。

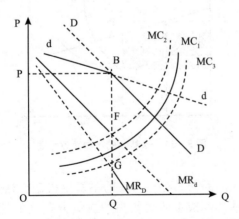

图 5-15 斯威齐模型折弯的需求曲线导致不连续

五、勾结和卡特尔

卡特尔模型是描述寡头之间相互串谋，像一个企业一样在市场上实施垄断定价，攫取最大利润后再根据成本情况进行产量分配和利润分配的一种串谋行为。该模型牵扯到两个关键问题，一是卡特尔总体

勾结和卡特尔

习题

产量和定价行为，二是卡特尔成员生产配额和利润的分配。

由于卡特尔在市场上遵循垄断行为，根据市场边际收益等于卡特尔的边际成本确定垄断产量和垄断定价，卡特尔的边际成本是各成员边际成本水平加总得到的，边际收益是根据市场需求曲线确定的（见图 5－16、图 5－17）。生产配额和利润的分配是根据各个成员的成本状况确定的，也就是卡特尔利润最大化时的边际成本 MC^* 处，每个企业根据自己企业的边际成本曲线确定 MC^* 下的产量作为自己的生产配额。

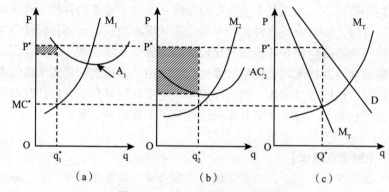

图 5－16　卡特尔竞争均衡示意

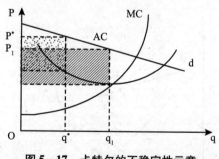

图 5－17　卡特尔的不稳定性示意

卡特尔最大的问题是存在内在的不稳定机制。这是因为组成卡特尔以后，那些边际成本曲线较高的成员分配到的配额小利润低。如图 5－17 所示，卡特尔成员如果欺骗其他成员让其他成员遵守卡特尔统一定价，而自己单独偷偷降价，以低于卡特尔垄断价格生产并销售更多产量就能获得更多利润。因此，卡特尔成员存在违约的内在动力。

【知识点解读】

卡特尔为了增强稳定性，通常需要较为严格的相互监督机制和较为严厉的惩罚机制，以避免偷偷违背卡特尔定价和配额的欺骗行为。

【知识点扩展】

本章所讲寡头竞争模型有很多，除了马工程教材中所列示讲解的模型以外，还有其他很多模型。这里补充一个经典的产量领导模型——斯塔克尔伯格模型。该模型是古诺模型的扩展，与古诺模型不同之处在于两个寡头并不对等，存在一个领导企业确定领导产量。领导企业与古诺模型不一致，并不根据反应函数行事，而是将跟随企业的反应函数纳入利润最大化决策，确定领导产量。跟随企业的行为与古诺模型一致，按照领导企业确定的领导产量，根据反应函数确定自己的最优产量。

知识点扩展5.3

【本节应掌握知识点】

- 寡头市场的特征及其复杂性
- 古诺模型
- 价格领袖模型
- 斯威齐模型
- 卡特尔模型

第四节　博弈论和策略行为

本节从博弈的构成要素入手，通过讲解纳什均衡的含义，重点讲解竞争博弈的情况下，完全信息静态博弈纳什均衡的求解问题。补充学习内容包括纳什均衡的简单精练方法。

一、博弈模型的构成要素

在一般博弈模型中，博弈的构成要素通常包括以下要素：一些博弈或者游戏的参与人，他们分别有若干不同的竞争策略可以选择，不同的策略组合带个每个博弈参与不同的支付，在占有相关信息的基础上求解参与博弈的各方是否存在博弈的均衡。

博弈模型的
构成要素

博弈总体上可以分为四种类型：完全信息静态博弈，不完全信息静态博弈，完全信息动态博弈和不完全信息动态博弈。其中最为复杂的是不完全信息动态博弈。但一般初级教材通常只讲解完全信息静态博弈。这里将重点学习在竞争博弈的前提下如何寻找纳什均衡，以及如果存在多个纳什均衡如何剔除多余不可信的纳什均衡，保留唯一可信纳什均衡，也即纳什均衡的精练。

习题

通常用博弈矩阵来描述完全信息静态博弈的构成要件。矩阵中两个参与人的不同策略组合带给每个参与人的支付，前面的数字通常代表左侧参与人的支付，右侧数字通常代表上方参与人的支付。

【知识点解读】

课本中的案例通常列举参与人的策略各有两个的情况，事实上每个参与人的策略可以有多个，两个仅仅是示意性质的简化。

二、纳什均衡

纳什均衡

习题

纳什均衡是指参与人达成一种相互印证的直接最优反应，也即博弈各方陷入一种对方不变自身也不能单独改变的状态，这种状态下参与人由于不会单独改变自己的竞争战略，所以陷入进去就会达成相对静止的均衡状态。

寻找纳什均衡方式是从参与人的策略出发，通常是从左方参与人的策略出发，逐个策略寻找相互印证的直接最优反应，也即当参与人甲出战略 A，如果参与人乙出战略 B 最好；反过来验证如果参与人乙出战略 B，而参与人的战略 A 如果恰好也是最好的，那么（A，B）策略组合就构成一个纳什均衡。有时博弈并不存在纯策略纳什均衡，一个有着有限个参与者，每个参与者都有有限个纯策略的博弈至少存在一个纳什均衡。假如没有纯策略纳什均衡，那么该博弈至少存在一个混合策略纳什均衡。混合策略纳什均衡的求解是选学内容。有时博弈会存在多个纯策略纳什均衡。

如果找到多个纳什均衡，可以通过纳什均衡的精炼剔除多余不可信的纳什均衡。精练的方法有很多，引进博弈的顺序或者运用简单的聚焦理论，可以对纳什均衡进行精练。

【知识点解读】

所谓静态博弈是指所有参与人同时选择自己的竞争策略，或者虽然有先有后但是后行动者看不到先行动者的选择，并且每个人只有一次选择。

动态博弈是指博弈有先有后多次轮动，后续行为人根据先前行为人的行动做出自己下一步最优决策。根据信息的完整性与否又可分为完全信息动态博弈和不完全信息动态博弈两种类型。这些博弈的学习通常不在初级微观经济学教材中出现。

【本节应掌握知识点】
- 纳什均衡的含义
- 博弈的分类

- 完全信息静态博弈纳什均衡的求解
- 混合策略纳什均衡的求解
- 纳什均衡的精练

第五节　不同市场的比较

本节重点是从静态和动态进行效率比较，对比完全竞争、垄断、垄断竞争和寡头垄断四种市场类型的经济效率。静态效率评价从成本、价格、产量、利润和价格与长期边际成本的关系五个方面进行评价。动态效率评价主要从技术进步角度比较完全竞争企业和不完全竞争企业的表现。

一、静态效率的比较

在不考虑技术进步的前提下从静态评价不同市场类型中企业的效率主要从五个方面展开。

从成本方面分析，完全竞争企业长期位于长期平均成本曲线最低点，而不完全竞争企业的定价都高于长期平均成本最低点。

从价格比较看，完全竞争企业长期定价定于长期平均成本和长期边际成本，而寡头和垄断企业长期价格则高于长期平均成本；垄断竞争的长期定价等于长期平均成本，但并非位于长期平均成本曲线最低点位置。

习题

对产量进行比较显示，完全竞争企业由于定价低而产量最大。

从利润角度看，完全竞争企业长期获得正常利润，而垄断和寡头企业获得超额利润。

从边际成本角度看，只有完全竞争企业长期定价等于长期边际成本，其他类型的企业都高于长期边际成本。

【知识点解读】

以上分析忽略了一些重要因素，比如垄断或者寡头等大型企业可能享受到的规模经济，完全竞争企业长期平均成本的最低点也可能比实现规模经济的大型企业在较大产量下的长期平均成本高。此外非完全竞争企业带来的产品差异也会抵消其价格行为造成的效率损失。

二、动态效率的比较

习题

从动态角度比较不同市场类型中企业的经济效率，重点比较其获取技术进步的效率和动机。那些规模大利润高的大型企业研发投入大，研发效率高，因为很多技术创新需要很大的研发投入，只有大企业能负担得起，再者研发投入大的企业可能获得研发投入的规模经济。从研发动机来看由于完全竞争企业长期只能获得正常利润，技术进步产生的好处扩散快，企业研发积极性显著低于那些可以获得超额利润的寡头或者垄断大企业。这些企业可以更多地独享技术创新的好处。

【知识点解读】

多数教材中只是简单地从静态角度比较不同市场类型企业的经济效率，马工程教材引进动态视角，无疑对大企业所谓的低效率结论进行了一定修正。

【本节应掌握知识点】

- 经济效率的静态比较
- 经济效率的动态比较

本章练习题

单项选择题解析

一、单项选择题

1. 如果垄断市场需求缺乏弹性，则（   ）。
A. 边际收益为正 　　　　　　　　B. 边际收益为负
C. 边际收益等于零 　　　　　　　D. 边际收益等于平均收益

2. 统一定价的垄断厂商实现利润最大时（   ）。
A. $P = MC$ 　　　　　　　　　　B. $P = AC$
C. P 等于平均成本的最小值 　　　D. $MR = MC$

3. 垄断企业的低效率体现在（   ）。
A. 统一定价时 　　　　　　　　　B. 一级价格歧视时
C. 二级价格歧视时 　　　　　　　D. 以上都是

4. 自然垄断的企业（   ）。
A. 长期边际成本不断下降
B. 长期边际成本位于长期平均成本之上

C. 长期平均成本不断下降

D. 长期平均边际成本曲线已经穿过了长期平均成本曲线最低点

5. 垄断企业短期（　　　）。

A. 不可能盈利　　　　　　　　B. 不可能亏损

C. 不可能盈亏平衡　　　　　　D. 可能停产

6. 垄断竞争企业的竞争对手对其产生什么影响？（　　　）

A. 主观需求曲线

B. 客观需求曲线

C. 没有影响

D. 影响具有决定性导致其无法改变价格

7. 垄断竞争企业短期（　　　）。

A. 不可能盈利　　　　　　　　B. 不可能亏损

C. 不可能盈亏平衡　　　　　　D. 可能停产

8. 垄断竞争企业降低价格时（　　　）。

A. 竞争对手不改变价格

B. 竞争对手提高价格

C. 竞争对手进行对等反应

D. 根据竞争对手的特性制定差异化策略

9. 垄断竞争企业长期均衡时（　　　）。

A. 在长期平均成本线的最低点生产

B. 在长期平均成本线最低点左侧生产

C. 由于价格等于长期平均成本因而效率高

D. 充分利用了其生产能力

10. 垄断竞争企业面对的需求曲线（　　　）。

A. 就是市场需求曲线　　　　B. 比市场需求曲线陡峭

C. 比市场需求曲线平缓　　　　D. 位于边际收益曲线下方

11. 以下关于垄断竞争市场说法错误的是（　　　）。

A. 产品具有差异化

B. 竞争均衡时价格高于边际成本

C. 存在福利损失三角形

D. 长期可能盈利

12. 关于斯威齐模型说法错误的是（　　　）。

A. 涨价时竞争对手会跟进

B. 降价时竞争对手会跟进

C. 面对的需求曲线折弯

D. 边际收益曲线显示出不连续的特性

13. 古诺均衡（　　　）。

A. 不是纳什均衡　　　　　　B. 就是纳什均衡

C. 有时是，有时不是　　　　　　D. 多数情况下是纳什均衡

14. 古诺模型中（　　）。

A. 企业的利润取决于自己的产量

B. 企业的成本取决于竞争各方的成本

C. 企业的利润取决于竞争各方的产量

D. 企业的收益取决于自己的产量

15. 在价格领导模型中（　　）。

A. 领导企业知道竞争对手的供给

B. 领导企业不知道竞争对手的供给

C. 领导企业有可能知道竞争对手的供给

D. 以上都有可能

16. 关于纳什均衡说法错误的是（　　）。

A. 竞争各方不会单独改变策略

B. 竞争各方已经是对竞争对手的最优反应

C. 可以有多个

D. 一定存在纯策略纳什均衡

二、多项选择题

多项选择题解析

1. 利润最大化的垄断厂商（　　）。

A. 允许出现短期亏损

B. 在边际收益大于边际成本时继续增加产量

C. 把生产选择在需求富于弹性的区间

D. 提高价格

2. 垄断企业长期（　　）。

A. 可能盈利　　　　　　　　　B. 可能亏损

C. 可能获得正常利润　　　　　D. 可能停产

3. 垄断竞争企业短期均衡时（　　）。

A. 边际收益等于边际成本

B. 利润最大化的产量和定价在客观需求曲线上

C. 定价高于边际成本

D. 经济利润为零

4. 垄断竞争企业长期均衡时（　　）。

A. 边际收益等于边际成本

B. 利润最大化的产量和定价在客观需求曲线上

C. 定价高于边际成本

D. 定价等于长期平均成本

E. 经济利润为零

5. 古诺模型的假定包括（　　）。

A. 产品一样　　　　　　　　B. 成本必须一样

C. 成本可以不一样　　　　　D. 面对同一个市场

6. 在产量领导模型中（　　）。

A. 领导企业将根据反应函数进行决策

B. 跟随企业将根据反应函数进行决策

C. 领导企业将跟随企业的反应函数纳入利润最大化决策

D. 跟随企业将领导企业的反应函数纳入利润最大化决策

7. 古诺模型中两个寡头的反应函数

A. 来自对方企业的利润最大化行为

B. 来自自身利润最大化行为

C. 交点确定竞争的均衡

D. 一定是向下倾斜的直线

8. 卡特尔模型中（　　）。

A. 企业串谋谋取垄断利润

B. 企业根据成本情况瓜分利润

C. 企业统一定价

D. 具有不稳定性

三、判断题

1. 垄断企业可以求取供给函数。　　　　　　　　　（　　）

2. 垄断企业一定是低效率的。　　　　　　　　　　（　　）

3. 寡头市场上的产品差别较大。　　　　　　　　　（　　）

4. 垄断竞争企业短期只能获得正常利润。　　　　　（　　）

判断题解析

5. 垄断企业短期盈利的原因在于存在很高的进入壁垒。（　　）

6. 自然垄断企业在保障市场供给前提下实现规模经济。（　　）

7. 在斯威齐模型中，寡头竞争跟跌不跟涨。　　　　（　　）

8. 垄断竞争企业长期定价等于边际成本。　　　　　（　　）

9. 一级价格歧视下，消费者剩余被生产者剥夺。　　（　　）

10. 三级价格歧视下，弹性小的市场通常定价较高。　（　　）

四、分析题

1. 阅读以下材料①，运用相关经济学原理分析为什么国家市场监管总局要对先声药业集团有限公司进行罚款？

先声药业集团有限公司（以下简称"先声药业"）是中国市场上唯一可以销售巴曲酶原料药的公司，在中国巴曲酶原料药销售市

分析题解析

---

① 资料节选自：三言财经：《1 亿！2021 年反垄断第一个大罚单，要点梳理》，搜狐，https://www.sohu.com/a/448511024_100117963。

场的市场份额为 100%。巴曲酶原料药主要用于生产巴曲酶注射液。巴曲酶注射液主要用于治疗急性脑梗死，改善各种闭塞性血管病引起的缺血性症状，改善末梢及微循环障碍。先声药业取得了中国境内巴曲酶原料药的全部货源后，下游制剂生产企业只能向其购买原料药，是否供货、供货价格、交易条件等均由先声药业确定，先声药业未向下游制剂企业供应巴曲酶原料药，导致下游制剂企业于 2020 年 6 月起停产，巴曲酶注射液不能稳定供应，严重损害消费者利益。

2021 年 1 月 22 日，国家市场监管总局开出 2021 年的第一个反垄断大罚单，对先声药业滥用市场支配地位案做出行政处罚决定，重罚1.007 亿元。

2. 在一些竞争博弈中，行为人的占优战略均衡并不能提高博弈各方的总体利益，比如囚徒的困境中，行为人的占优战略都是坦白，竞争均衡的结果对两个囚犯总体并非最优，两个人都不坦白对两囚犯整体最有利。但是对社会而言两个人罪得其罚，占优战略均衡却是有效率的。有时候行为人的占优战略所决定的均衡对社会而言并非是最优的，比如课后补习班的选择。试运用博弈论相关原理，对课后补习班的竞争均衡及其效率进行分析，并提出解决办法。

3. 垄断竞争企业也存在福利损失，为什么很少听到反垄断竞争的说法？

4. 为什么卡特尔是不稳定的，还有存在的可能性？

五、计算题

计算题解析

1. 垄断厂商的成本函数为 $TC = 2Q^2 + 5Q$，产品需求函数为 $P = 17 - Q$，试求：

(1) 厂商利润最大时的价格与产量、利润。

(2) 如果政府对该厂商采取限价措施，迫使其按照边际成本定价，那么此时的价格、产量与利润是多少？

2. 已知某垄断厂商的成本函数为：$TC = Q^2 + 8Q$，该厂商在两个分市场销售产品，两个分市场的需求函数分别为：$Q_1 = 12 - 0.2P_1$，$Q_2 = 12.5 - 0.1P_2$

(1) 如果该厂商实行价格歧视，试求利润极大时两个分市场的价格、销售量和厂商总利润。

(2) 如果该厂商只能按照统一价格销售，那么在这种情况下，利润极大时的价格与产量、利润又是多少？

3. 假设双寡头垄断厂商的边际成本均为 0，面临共同的市场需求曲线 $Q = q_1 + q_2 = 240 - P$，试求古诺均衡解。

4. 如果上题中两个厂商组成卡特尔，那么两个厂商各自的产量、利润和市场价格是多少?

六、论述题

1. 比较完全竞争企业与垄断竞争企业长期均衡有什么不同?
2. 比较垄断竞争企业做广告的短期和长期影响有什么不同?

论述题解析

第六章

生产要素市场和收入分配

学习目标

通过本章的学习，学生应理解：

- 完全竞争企业的要素使用原则及要素需求曲线
- 个人劳动供给曲线为什么会向后弯曲
- 地租是如何决定的
- 资本市场的均衡
- 垄断条件下的要素价格是如何决定的
- 供给弹性的含义及其影响因素

本章概要

对要素市场的研究是对产品市场研究的继续和发展。无论是对产品的需求还是对产品的供给，都离不开要素市场。由于要素的价格和数量决定了消费者的收入水平，所以对要素市场的分析构成了西方经济学收入分配学说的理论基础，对要素市场的分析也要从要素市场的需求和供给入手。由于所有要素的需求方是企业，因而可以通过研究企业的利润最大化行为对劳动、土地和资本的需求进行统一研究；由于要素的供给主体或供给主体的决策行为并不相同，因而需要对劳动、土地和资本要素的供给分开进行研究。尽管如此，要素供给的总体原则依然是在要素自用和要素供给之间进行权衡。

本章首先从要素使用者的角度，探讨了完全竞争企业的要素需求，而后推广到对完全竞争市场的要素需求曲线的分析。其次，从要素所有者的角度研究要素的供给，并对要素的供给和需求进行综合分析，推导出要素价格和使用量的决定。再次，具体到对劳动、土地和资本这三种生产要素的均衡进行探讨。最后，在讨论完全竞争条件下的要素供求的基础上，转入分析产品卖方垄断和要素买方垄断条件下的要素价格的决定。

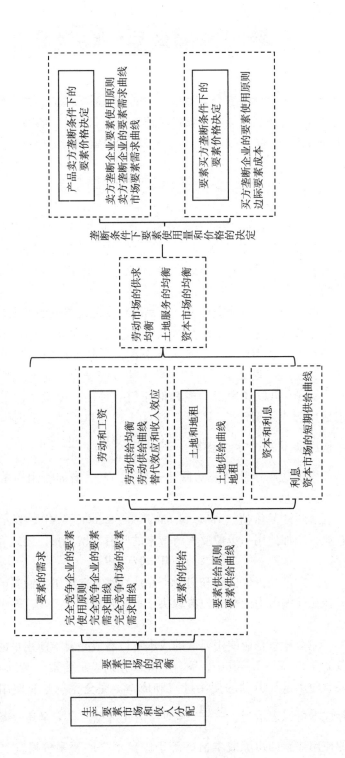

本章知识逻辑结构图

第一节 完全竞争和要素需求

本节主要介绍完全竞争市场中的要素需求问题。这里所说的完全竞争意味着产品市场和要素市场都是完全竞争的。本节从完全竞争企业分析入手，拓展到对完全竞争市场的要素需求的分析。

一、完全竞争企业的要素使用原则

完全竞争企业的
要素使用原则

习题

因为要素市场是完全竞争的，所以它具备完全竞争产品市场特征，二者本质上具有内在一致性。但是，要素市场的决策方式与产品市场是不完全一样的，这一点在知识扩展部分将进行细致分析。

对于完全竞争企业而言，产品价格是固定不变的参数，此时企业的收益可表示为 $R(Q) = PQ$（R 表示完全竞争企业的收益，P 表示产品价格，Q 为产量）。进一步来看，产品是使用生产要素生产出来的，所以产量又是要素的函数。假设完全竞争企业使用的生产要素为 L（L 可以代表劳动或其他任何一种生产要素，但是一般约定俗成用 L 表示劳动），则有：$R(Q(L)) = PQ(L)$。此时完全竞争企业使用要素的边际收益为：$\dfrac{dR}{dL} = \dfrac{dR}{dQ}\dfrac{dQ}{dL} = P\dfrac{dQ}{dL} = P \cdot MP$，$\dfrac{dQ}{dL} = MP$ 是要素的边际产品（或边际生产率），表示增加使用一单位要素所增加的产量。

边际产品价值（value of marginal product，VMP）表示完全竞争企业每增加使用一单位要素所带来的收益的增加量，公式表示为：

$$VMP = P \cdot MP$$

边际产品价值曲线和边际产品曲线都是向右下方倾斜的，但是二者在几何图形中的相对位置取决于产品价格是大于 1、等于 1 还是小于 1。

完全竞争企业使用要素的成本可以看成是要素使用量的函数，所以 $C(L) = W \cdot L$，其中，W、L 和 C 分别表示要素（劳动）的价格、要素使用量（劳动的使用量）和成本。完全竞争企业使用要素的边际成本可以表示为：$\dfrac{dC(L)}{dL} = W$。由此可见，在完全竞争条件下，企业使用要素的边际成本恰好等于固定不变的要素价格（增加：即劳动的价格 W）。

完全竞争企业的要素使用原则是边际产品价值等于要素价格，也即：

$$VMP = P \cdot MP = W$$

这是利润最大化的一般原则在完全竞争企业的要素使用量的决定上的具体运用。只有当边际产品价值与要素价格恰好相等时，相应的要素使用量才是最优的要素使用量。

【知识点解读】

这里需要注意的是，在研究要素需求时企业利润最大化的条件与研究产品供给时利润最大化的条件形式上并不相同，在产品市场上研究企业的供给行为，利润最大化的条件是边际收益等于边际成本，也即：$MR = MC$。

之所以存在上述不同，原因是在要素市场上研究企业要素需求时，利润被写作要素数量的函数，而在产品市场上研究企业产品供给行为时，利润被写作产量的函数。

产品的需求与消费者的收入有关，而消费者的收入取决于他们所拥有的要素数量和要素价格；产品的供给与生产者的成本有关，而生产者的成本同样取决于他们所使用的要素价格和要素数量。所以，对要素的价格和使用量的分析是很重要的。

（1）要掌握完全竞争要素市场和产品市场特征的异同点。完全竞争的要素市场的基本特征，与完全竞争产品市场的特征相同。一是生产要素的出售者和购买者人数众多，都是价格接受者；二是生产要素产品同质；三是生产要素自由流动；四是同样也具备信息完备的特征。

但是，要素市场的决策方式与产品市场是不完全一样的。相同点有三点：一是要素市场也由市场供求决定均衡；二是消费者与厂商对生产要素的决策也是取决于边际量；三是要素市场也包括完全竞争和不完全竞争的市场结构。

但是，要素市场与产品市场也是存在不同之处的。不同之处在于：一是劳动供给由劳动者对于收入与闲暇的选择来决定，因为单个劳动者的供给量不是无限的，劳动者一天只有24小时；二是厂商的要素需求我们把它称为引致需求，是由对产品的需求引致而来的。这两点就是要素市场和产品市场的主要不同之处。

（2）对于完全竞争企业的要素使用原则，要理解完全竞争企业使用要素的边际收益和边际成本，掌握边际产品价值、要素价格的分析和推导。同时要注意边际产品和边际产品价值之间的关系。

完全竞争市场的特征

知识点扩展6.1

知识点扩展6.2

二、完全竞争企业的要素需求曲线

完全竞争企业的要素需求曲线和产品市场的需求曲线类似，反映的是在其他条件不变的情况下，完全竞争企业对要素的需求量和要素价格之间的一一对应的关系，即：企业对要素的最优使用量也就是需求量，随着要素价格的上升而下降。只有在要素市场上企业作为要素的买方是完全竞争的，其要素需求行为才能用函数描述，存在所谓的要素需求函数和要素需求曲线。

当企业在产品市场上作为产品的卖方是完全竞争的，在要素市场上作为要素的买方是完全竞争的（以下简称"完全竞争企业"），其要素需求曲线与边际产品价值曲线，不仅都向右下方倾斜，而且二者刚好重合（见图6－1）。

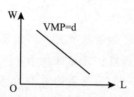

图6－1　边际产品价值曲线与要素需求曲线

【知识点解读】

完全竞争企业的要素需求曲线与其边际产品价值曲线重合，但两条曲线的含义截然不同：一方面，二者包含的变量含义不同。作为 VMP，L 代表要素使用量；作为要素需求曲线 D，L 表示最优要素使用量或要素需求量。另一方面，反映的函数关系不同。在 VMP 中，自变量为要素使用量 L；在需求曲线中，自变量为要素价格，要素需求量 L 是要素价格的函数，是因变量。

三、完全竞争市场的要素需求曲线

完全竞争市场的要素需求曲线并不是把企业的需求曲线简单加总。要得到完全竞争市场的要素需求曲线 D，首先需要对所有完全竞争企业的要素需求曲线进行调整，得到行业调整的完全竞争企业要素需求曲线 d_i，再进行水平相加（见图6－2）。因此整个完全竞争市场的要素需求曲线 D，就是所有这些完全竞争企业的行业调整曲线 d_i 的简单水平加总，即：$D = \sum_{i=1}^{n} d_i$。

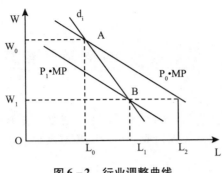

习题

图 6-2　行业调整曲线

需要注意的是，经过整个行业调整之后的每一个完全竞争企业的要素需求曲线尽管还向右下方倾斜，但是比其边际产品价值曲线更加陡峭。

【知识点解读】

在得到要素市场需求曲线时之所以要对企业的要素需求曲线进行调整，其根本原因在于当研究单个企业要素需求时，要素价格变动引起该企业改变要素需求数量并导致产品供给数量发生变化，并不会改变产品市场的总体供给和产品的市场均衡价格；但如果研究要素的市场需求而非单个企业要素需求时，就不得不考虑要素价格变动会改变所有企业的要素需求总量和产品的市场供给进而会改变产品的均衡价格，从而使每一个企业 VMP 曲线发生移动所带来的影响，也就是需要得到企业经过行业调整的要素需求曲线。如图 6-2 所示，面对要素价格下降，市场中所有企业对要素需求的增加会增加行业供给从而降低产品的市场价格，每个企业的 VMP 曲线向下移动，因而企业实际要素需求增加量小于产品价格不变的情况。经过整个行业调整之后的每一个完全竞争企业的要素需求曲线尽管还向右下方倾斜，但是比其边际产品价值曲线更加陡峭。因此我们是将每一个完全竞争企业经过行业调整的要素需求曲线水平加总，得到整个完全竞争市场的要素需求曲线。

【本节应掌握知识点】

- 完全竞争要素市场的特征
- 边际产品价值
- 完全竞争企业的要素使用原则
- 完全竞争企业的要素需求曲线
- 完全竞争企业的要素需求曲线和 VMP 线的关系
- 完全竞争企业的行业调整曲线

第二节　要素供给的一般理论

研究了完全竞争市场的要素需求后，还要从要素所有者的角度研究要素供给。本节主要探讨要素供给的原则和要素供给曲线。

一、要素供给问题

习题

资源总量在一定时点上或一定时期内是既定不变的。所以要素供给问题是要素所有者把全部既定的资源在要素供给和保留自用两种用途上进行分配，以获得最大效用。

【知识点解读】

由于要素的供给主体和主体选择行为的差异化，需要对不同要素的供给问题进行分开讨论。比如劳动的供给主体是消费者，消费者作为劳动力的所有者，其供给最明显的特点是他拥有的要素数量在一定时期内是既定不变的（比如消费者每天拥有的可自由支配的时间是有限的）。那么消费者只能将其一部分时间为市场提供劳动，所以要把全部既定资源一分为二，分为供给市场劳动的部分和保留自用闲暇的部分。资本供给的决策取决于消费者对当前消费和未来消费（储蓄供给）进行权衡，而储蓄是形成资本的源泉。土地的供给主体是国家，对国家而言土地供给的机会成本为零，所以土地的供给看作是固定的。需要看到即使不同要素的供给需要分开讨论，不同要素的供给问题仍然存在一些共性，这就是要素的供给都体现为供给主体在要素供给和自用之间进行权衡。

二、要素供给原则

习题

效用函数为：$U = U(C, H)$，C 为要素供给获得的收入，H 为消费者的自用资源。消费者拥有的资源总量设为 L_0（L_0 为固定不变的常数），则消费者的要素供给量为 $L_0 - H$。如果 W 为要素价格（假设消费者是要素市场的完全竞争者，则 W 不变），则 $C = W(L_0 - H)$。

所以效用函数可以写作：$U = U(W(L_0 - H), H)$。

对劳动供给和资本供给而言，要素供给取决于消费者将既定资源总量在保留自用和供给市场获取收入进行消费两种用途上的进行权衡，最优分配条件是：自用要素的边际效用与要素供给获取收入进行消费的边际效用之比（即自用资源对消费的边际替代率）必须等于要素的价格。这就是要素供给原则。

所以对效用函数进行一阶求导，从而得出：

$$\frac{\partial U}{\partial C}\frac{\partial C}{\partial H} + \frac{\partial U}{\partial H} = 0$$

由于 $C = W(L_0 - H)$，所以 $\frac{\partial C}{\partial H} = -W$。由此可以推导出：

$$\frac{\partial U/\partial H}{\partial U/\partial C} = W \text{ 或者可以写作 } MRS_{HC} = W。$$

MRS_{HC} 表示自用资源 H 对消费 C 的边际替代率，即 $MRS_{HC} = \frac{\partial U/\partial H}{\partial U/\partial C}$。

【知识点解读】

供给要素可以获得收入，用来进行消费支出，购买商品获得效用，所以用 C 来表示获得的收入；而供给要素必然会丧失要素自用所能获得的效用，也就是说供给要素是有机会成本的。效用最大化的条件是：MR = MC。要素供给带来的边际效用（类似 MR）要等于保留要素自用的边际效用（类似 MC，是供给要素的机会成本）。

所以模型中效用最大化的条件是：$MRS_{HC} = W$。

W 可以解释为减少消费 C 增加自用 H 时要付出的代价，即所谓的"MC"。而 MRS_{HC} 是指把 C 转化成 H 时用 H 替代 C 的替代率，即保持效用不变时每增加 1 单位 H 时所能替代的 C 的数量。增加 H 时愿意以 C 减少为代价，是因为 H 增加是能带来效用增加的。因此 MRS_{HC} 代表了增加 H 带来的效用增量，即所谓的"MR"。

三、预算线—无差异曲线分析

设资源总量为 L_0，将其全部供给获得的收入为 WL_0（W 为要素价格），WL_0 是最大可能的消费，连接点 L_0 和点 WL_0 的直线是该消费者的预算线。无差异曲线向右下方倾斜，凸向原点，较高的无差异曲线代表较高的效用，即 $U_2 > U_1 > U_0$。

习题

利用预算线和无差异曲线，对要素供给原则进行了分析，得出消费者处在效用最大化时，无差异曲线与预算线相切，在切点处切线斜率等于预算性的斜率（要素价格 W）。而无差异曲线的斜率，是自用资源 H 对消费 C 的边际替代率，恰好等于 H 和 C 的边际效用之比，如图 6 - 3 所示。

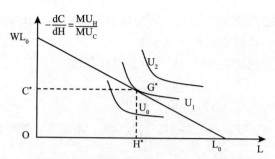

图6-3 要素供给原则：无差异曲线分析

【知识点解读】

消费者拥有的生产要素总量是既定的，要素的价格也是既定的，这构成了消费者提供生产要素的约束。消费者在要素价格和拥有的要素数量有限这两种约束下选择如何使用自己的生产要素，多少自用（H），多少用来供给（C），从而形成了消费者效用最大化的最优组合，也就是预算线和无差异曲线的切点。

四、要素供给曲线

习题

生产要素的价格，影响着消费者对生产要素的供给。一般而言，随着生产要素价格的上升，其供给量也会上升，由此得到生产要素的供给曲线。图6-4中，由价格扩展线推导出向右上方倾斜的要素供给曲线，但是这并不意味着所有的要素供给曲线都是向右上方倾斜的。要素供给曲线的具体形状要取决于无差异曲线的形状。根据自用资源或生产要素的不同特点，要素供给曲线既可以向右上方倾斜，也可以垂直也可以向右下方倾斜。我们在随后三节中，分别讨论劳动、资本和土地三种要素的要素供给曲线。

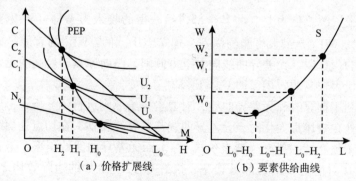

图6-4 价格扩展线和要素供给曲线

【知识点解读】

随着要素价格的上升，预算线将绕着横轴上的固定点（要素禀赋点）顺时针旋转，形成自用资源数量 H 随要素价格 W 的变化而变化。给定消费者的资源总量和偏好，对于每一个要素价格，就有一个最优自用资源量。消费者的要素供给量等于既定资源总量减去最优自用资源量。随着要素价格的变化，形成反映要素价格与要素供给量之间关系的供给曲线。

【本节应掌握知识点】

- 要素供给原则
- 预算线—无差异曲线分析的要素供给最优组合
- 要素供给曲线

第三节 劳动和工资

生产要素的供给者是消费者，消费者按照效用最大化原则选择其行为。本节将一般要素供给的方法运用于分析特殊的劳动供给问题，介绍劳动力市场的供求均衡。

一、劳动供给和闲暇需求

消费者并非是在闲暇和劳动二者间进行选择，而是在闲暇和消费之间进行选择，或者说是在自用资源和消费之间进行选择。也就是说，对消费者而言，所拥有的资源总量 L_0 为 24 小时，每天的劳动供给量为 L，用于闲暇的时间为 H。所以消费者的效用来自两个方面，一部分用于闲暇需求，获取效用，一部分用于消费需求，获取效用。

劳动供给和
闲暇需求

【知识点解读】

消费者每天只有 24 小时。假定消费者每天必须睡眠 8 小时。这样，消费者可以自由支配的时间资源每天就不能超过 16 小时，此时 $H = 16 - L$。消费者的可支配的时间一部分用来享受闲暇，一部分用来供给劳动赚取收入并进行消费。对于消费者，享受闲暇可以直接增加效用，而供给劳动首先是带来收入，通过收入用于消费才能增加效用。

习题

劳动供给均衡

习题

二、劳动供给均衡

消费者所拥有的资源总量 L_0 为固定不变的常数，用于劳动的部分为 L，用于闲暇的时间为 H，则 $H = L_0 - L$。此时的效用函数为 $U = U(C，H) = (C，L_0 - L)$。消费者的收入分为劳动收入和非劳动收入两部分，用 W 代表工资，Y_0 代表非劳动收入，则消费者的预算约束可以写作：$C = WL + Y_0$，那么，在消费者的最优劳动量或劳动供给量上，劳动和消费的边际效用之比的相反数必须等于工资，$-\dfrac{\partial U/\partial L}{\partial U/\partial C} = W$。

【知识点解读】

利用消费者的效用最大化原理来求解消费者的劳动供给均衡。在效用函数和预算约束的基础上构造拉格朗日函数：$f = U(C，L_0 - L) + \lambda(WL + Y_0 - C)$。利用效用最大化，求得：

$$\frac{\partial f}{\partial C} = \frac{\partial U}{\partial C} - \lambda = 0$$

$$\frac{\partial f}{\partial L} = \frac{\partial U}{\partial L} + \lambda W = 0$$

从而可以推导出：

$$-\frac{\partial U/\partial L}{\partial U/\partial C} = W$$

三、劳动供给曲线

当工资较低时，随着工资的上升，消费者会被较高的工资吸引而减少闲暇，增加劳动供给，此时劳动供给曲线是向右上方倾斜的。但是，工资上涨对增加劳动供给的作用是有限的。当工资处于较高水平时，如果继续增加工资，则劳动供给量反而会减少。从而得到先向右上方倾斜，而后向左上方倾斜，即所谓的"向后弯曲"的劳动供给曲线。

劳动供给曲线

习题

【知识点解读】

在劳动供给的均衡条件中，就蕴含着劳动供给函数。因为，任意给定等式右边的一个工资水平 W，等式左边有且只有一个劳动供给量，恰好能够使得 $-\dfrac{\partial U/\partial L}{\partial U/\partial C} = W$ 成立。也就是说，对于给定的工资水平 W，劳动者都会考虑自身的劳动供给量 L，从而使得自身效用达到最大化。

随着工资提高，劳动供给量 L 会增加，闲暇时间 H 会相应变少。但是，当工资非常高时，进一步提高工资反而不会再减少闲暇时间，会使劳动供给量减少。给定消费者的初始资源数量和偏好，对于每一工资水平，就有一个劳动供给量，从而可以推导出一条先向右上方倾斜，而后向后弯曲的劳动供给曲线。劳动供给曲线的推导如图 6－5 所示。

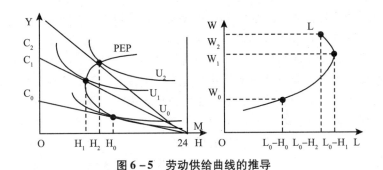

图 6－5　劳动供给曲线的推导

四、替代效应和收入效应

对于劳动的供给曲线为什么会向后弯曲，可以从价格变动的收入效应和替代效应的角度进行分析。

当闲暇的价格即工资上涨时，闲暇相对于其他商品变得更加"昂贵"，消费者将减少对闲暇的需求，这就是替代效应。由于替代效应，闲暇需求量与闲暇价格反方向变化。

而闲暇价格的上升意味着如果供给同样的劳动时间可以获得更多的收入。也就是说闲暇价格的上升意味着实际收入的上升，这就是收入效应。由于收入效应，闲暇需求量与闲暇价格的变化方向相同。

当替代效应大于收入效应时，劳动供给曲线向右上方倾斜；而当替代效应小于收入效应时，劳动供给曲线则可能会向左上方倾斜。

替代效应和
收入效应

习题

【知识点解读】

对一般商品来说，商品价格变化并不影响消费者名义收入。价格上升时由于替代效应为负，消费者会减少商品的购买，价格上升消费者虽然名义收入不变但实际收入下降，对正常品消费者也会减少商品购买，这就是收入效应。所以正常品一般不会违反需求原理。但对低档商品而言，实际收入下降消费者反而会增加购买，收入效应与替代效应不一致，但是总体上替代效应通常占据主导，所以也不会违反需求原理。只有特别低档的吉芬商品收入效应占据主导才会使商品违反需求原理。

但对闲暇这种正常商品而言却有可能违反需求原理。什么时候闲暇违反需求原理，什么时候劳动供给就会违反供给原理；什么时候闲暇遵守需求原理，什么时候劳动供给就遵守供给原理。为什么闲暇作为正常商品反而可能违反需求原理呢？其根本原因在于闲暇不是一般商品，是可以带来收入的禀赋商品。一般商品价格上升名义收入不变，但劳动作为禀赋商品其价格上升会提高要素所有者——消费者的名义收入和实际收入，消费者会增加闲暇的购买，这就出现了违反需求原理的可能。当收入效应超过替代效应，也即闲暇价格变得相对昂贵，闲暇就会违反需求原理。

当工资率比较低时，收入效应通常要小于替代效应。单种商品的价格变动通常不会对消费者的收入造成很大影响，但非常容易引起消费者的替代行为。对于作为劳动者的消费者来说，劳动供给可能是其收入的主要来源。在这种情况下，闲暇价格即工资的上升会大大增加消费者的收入水平。因此，闲暇价格变化的收入效应较大。如果原来的工资较低，则此时工资上涨的收入效应不一定能超过替代效应，因为此时的劳动供给量亦较小，从而由工资上涨引起的劳动收入增量不会很大。但如果工资已经处于较高水平（此时劳动供给量也相对较大），则工资上涨引起的劳动收入增量就会很大，从而收入效应可能超过替代效应。于是，在较高的工资水平上，劳动供给曲线就可能向后弯曲了。

所以，劳动供给随工资的上升而先增后减可以等价地表示为闲暇需求随闲暇价格的上升而先减后增。

五、劳动市场的供求均衡和工资的决定

向右下方倾斜的劳动需求曲线和向右上方倾斜的劳动供给曲线合起来决定了均衡的工资水平，如图 6-6 所示。

劳动市场的供求均衡和工资的决定

习题

148

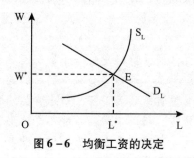

图 6-6 均衡工资的决定

【知识点解读】

市场的劳动供给曲线是所有单个消费者的劳动供给曲线的水平相

加。尽管单个消费者的劳动供给曲线可能会向后弯曲，但整个市场的劳动供给曲线却不一定也是如此。现有的工人也许会减少自己的劳动供给，但高工资会吸引新工人进来，因而整个市场的劳动供给还是会随工资的上升而增加，从而市场的劳动供给曲线仍然向右上方倾斜。由于要素的边际产品递减，要素的市场需求曲线通常向右下方倾斜。劳动的市场需求曲线也是如此。

【本节应掌握知识点】

- 劳动供给均衡的条件
- 劳动供给曲线的分析
- 劳动供给的替代效应和收入效应
- 劳动市场的供求均衡

第四节 土地和地租

土地通常泛指自然资源，其显著特点是数量有限，它的"自然供给"固定不变，不会随土地价格的变化而变化。本节介绍在土地的自然供给不变的情况下，土地的"市场供给"是如何决定的。

一、土地的供给曲线

土地所有者会将全部的 $\overline{M}$ 都供给市场，无论土地价格是多少。因此，土地供给曲线将在 $\overline{M}$ 的位置上垂直于横轴，如图6-7所示。

土地的供给曲线

习题

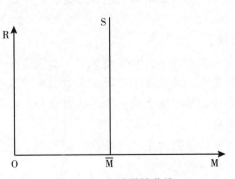

图6-7 土地供给曲线

【知识点解读】

土地所有者的效用函数我们可以写作：$U = U(C，H)$。一般来说，自用土地 H 的效用通常很小。因此，如果不考虑土地的消费性使用，即不考虑自用土地的效用，则土地所有者的效用函数就可以简化为：$U = U(C)$。换句话说，土地所有者的效用现在只取决于消费，即由于从土地获得收入而得到的消费，而与自用土地数量的大小无关。

假定土地没有自用价值，土地供给的机会成本为零，这时土地供给是一条与土地使用价格无关的垂线。在这种情况下，为了获得最大的效用就必须使消费达到最大（因为效用是且仅是消费的递增函数），为了使消费达到最大又必须使土地收入达到最大（因为消费收入是随着收入的增加而增加），最后，为了使土地收入达到最大又要求尽可能多供给土地（因为土地价格总为正数）。

使用土地的
价格和地租

二、使用土地的价格和地租

市场的土地供给曲线是所有单个土地所有者的土地供给曲线的水平相加，所以整个市场的土地供给曲线也是一条垂直的直线。土地的需求曲线依然是向右下方倾斜的。那么二者共同作用，决定了土地服务的均衡价格，即"地租"（见图 6 - 8）。

习题

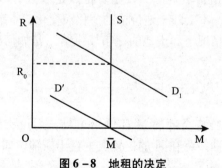

图 6 - 8 地租的决定

经济租金

知识点扩展 6.3

【知识点解读】

假定土地没有自用价值的条件下，单个土地所有者的土地供给曲线是一条垂直的直线。所以整个市场的土地供给曲线也是一条垂直的直线。土地服务的价格由垂直的土地供给曲线和向右下方倾斜的土地需求曲线共同决定。

地租产生的根本原因为土地的稀少和固定不变，而地租产生的直接原因为土地需求曲线的右移。

【本节应掌握知识点】
- 土地供给曲线
- 地租的确定

第五节 资本和利息

资本是与劳动和土地并列的第三种基本的生产要素。本节讨论资本的供给以及资本的价格及利息的决定。

一、资本和利息的含义

资本和利息的
含义

资本具有两个特点：资本的数量可以改变；资本之所以被生产出来，其目的是为了生产出更多的商品和服务。

作为生产服务的源泉，资本本身有一个市场价格，可在市场上按一定的价格出售。另外，作为生产服务，资本也有一个价格，也就是使用资本的价格。这个价格通常称为利率，并用 r 来表示。

【知识点解读】

所谓资本服务的价格或利率，就是一定时期中资本得到的收入与资本本身价值的比率，即在一定时期内，每单位资本所得到的收入。不同资本的价值或者年收入可能并不相同，但年收入与资本价值的比率却有趋同倾向。

习题

二、资本的供给

资本的供给

资本与土地及劳动的一个根本区别在于：资本是被生产出来的，因而，其数量可以变化；而土地和劳动的数量则是"自然给定"的。尽管个人可以通过购买来增加其所拥有的土地数量，但这也意味着其他人拥有的土地数量相应减少了，因此，从整个社会看，土地的买卖行为没有改变总的土地数量。但是个人却完全可以在不影响其他人拥有的资本数量的情况下来增加自己的资本资源，也就是通过储蓄，保留收入的一部分，不用于当前消费。个人可以利用储蓄生产新的资本，也可以购买股票、债券等所谓的资本所有权，从而增加自己所拥有的资本数量。

习题

资本所有者通过储蓄增加资本拥有量，其目的也是为了将来能够获得更多的收入，从而进行更多的消费。所以资本所有者的资本供给问题可以看成是如何将既定收入在消费和储蓄两方面进行分配的问题，又可以进一步看成是如何在现在消费和未来消费之间进行选择，即所谓不同时期的消费决策问题。

无差异曲线表示的是给消费者带来同等满足的今年消费的商品量和明年消费的商品量的所有组合。预算线是向右下方倾斜的，倾斜程度完全由市场利率 r 确定，随着 r 的增加而愈加陡峭。当利率为 r 时，预算线 WW′ 与无差异曲线 U_2 的切点 A^* 决定了消费者在不同时期中的最优决策，即今年消费 C_0^*，明年消费 C_1^*。跨时期消费选择如图 6-9 所示。

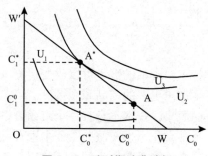

图 6-9　跨时期消费选择

当利率发生变化时，储蓄会随利率的上升而增加，从而储蓄或贷款供给曲线向右上方倾斜。但是，当利率处于很高水平时，贷款曲线亦可能出现向后弯曲的现象。这一点与劳动供给曲线情况相似。贷款供给曲线如图 6-10 所示。

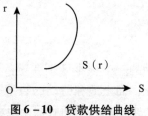

图 6-10　贷款供给曲线

【知识点解读】

土地和劳动所有者要解决的问题是，如何将土地和劳动在要素供给和保留自用之间进行选择。资本所有者所要解决的首要问题是如何确定最优的资本数量。

单个人可以在不影响其他人拥有的资本数量的情况下通过"储蓄"来增加自己的资本数量。如何增加储蓄，如何确定多少收入用于储蓄，这就涉及如何确定最优的资本拥有量的问题。如何确定最优的资本拥有量的问题，实际就是确定最优储蓄量的问题。由于资本所有者进行储蓄从而增加资本拥有量，也是为了将来能得到更多的收入，从而有可能在将来进行更多的消费，所以既定收入如何在消费和储蓄之间进行分配的问题，又可以进一步看成是如何在现在消费和未来消费之间进行选择，即所谓不同时期的消费决策问题。

三、资本市场的均衡

习题

资本需求曲线和其他要素的需求曲线一样，也是向右下方倾斜的。假定储蓄在短期中不影响资本的数量，也就是说，短期中资本的数量固定不变。同时，假定资本不存在自用价值，所以资本的短期供给曲线是一条垂直的直线。

资本的短期均衡状态在长期中不一定是均衡的。因为长期中资本市场的均衡还要求储蓄和折旧正好相等。资本市场的均衡如图 6 - 11 所示。

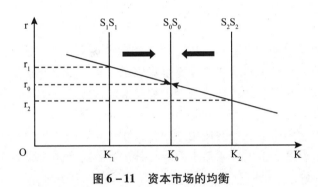

图 6 - 11　资本市场的均衡

【知识点解读】

当利率相对较高，而资本存量相对较低时，储蓄大于折旧，即净投资大于零，这会导致资本存量的增加，使得短期资本供给曲线向右移动。随着短期资本供给曲线的右移，一方面利率将下降，从而储蓄相应下降；另一方面资本存量将增加，从而折旧相应增加，结果原先的储蓄与折旧之间的差距会缩小，直到差距缩小到零为止。此时储蓄恰好等于折旧，达到长期均衡，资本存量将稳定不再变化。

同样当利率相对较低，而资本存量相对较高时，储蓄小于折旧，存在负的净投资。这会导致短期资本供给曲线向左移动，直到储蓄与折旧相等为止。

【本节应掌握知识点】

- 资本的特点
- 利息
- 资本的供给如何决定

- 资本市场短期供给曲线
- 资本市场的长期均衡

第六节　垄断条件下要素使用量和价格的决定

本节介绍不完全竞争条件下，要素使用量和要素价格的决定理论。这里主要分析垄断企业，特别是作为产品市场上的垄断卖方和作为要素市场上的垄断买方的企业。

一、产品卖方垄断条件下的要素价格决定

习题

这里所讲的卖方垄断，指企业在产品市场上作为卖方是垄断者，但是在要素市场上作为买方是完全竞争者。卖方垄断企业使用要素的边际收益等于产品的边际收益 MR 和要素的边际产品 MP 的乘积，被称为边际收益产品（marginal revenue product，MRP）。

卖方垄断企业的要素使用原则为：$MRP = MR \times MP = W$。

卖方垄断企业的要素需求曲线与其边际收益产品曲线一样，如图 6 – 12 所示，也是向右下方倾斜的，并且二者完全重合。

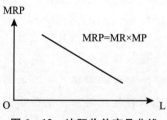

图 6 – 12　边际收益产品曲线

要素价格的变化不会改变卖方垄断企业的产品需求曲线，从而不会改变它的边际收益产品曲线。若每一个企业都是各自产品市场上的垄断者，市场要素需求曲线是该市场中所有卖方垄断企业的边际收益产品曲线的简单水平相加。若并非所有的企业都是产品市场上的垄断者，则整个要素市场的需求曲线可能就不是所有企业的边际收益产品曲线的简单水平加总。

【知识点解读】

如图 6-13 所示边际收益产品曲线 MRP 等于 MR 乘以 MP，所以同边际产品价值曲线 VMP 一样，是向右下方倾斜的。由于对于非完全竞争的企业而言，P 大于 MR，所以 VMP 曲线在 MRP 曲线之上，边际收益产品曲线要比边际产品价值曲线更加陡峭一些。同时，要注意区别 MR、MP、MRP 三者之间的区别和联系。

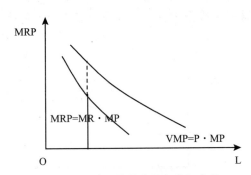

图 6-13 边际收益产品和边际产品

二、要素买方垄断条件下的要素价格决定

这里所讲的要素买方垄断，指企业在要素市场上作为买方是垄断者，在产品市场上作为卖方是完全竞争者。买方垄断企业使用要素的边际成本为边际要素成本 MFC（marginal factor cost）。边际要素成本曲线总位于要素供给曲线之上。

买方垄断企业的要素使用原则为 VMP = MFC。等式右边是一般的边际要素成本 MFC，而不是简单的要素价格 W。与完全竞争企业和产品卖方垄断企业的要素使用原则都不相同。

买方垄断企业的要素需求曲线不存在。企业的要素需求行为不能用函数描述，但这不妨碍分析均衡要素需求量。在要素市场上，所有的不完全竞争企业的要素需求曲线都不存在。

【知识点解读】

由于企业在产品市场上是完全竞争者，所以产品的边际收益与产品价格相等，从而使用要素的边际收益等于要素的边际产品价值。同时由于企业在要素市场上不是完全竞争者，所以要素价格不是固定的参数，从而其使用要素的边际成本不等于要素价格。

边际要素成本是增加使用一单位要素所增加的成本，也就是使用要素的边际成本：$MFC = \dfrac{dC}{dL} = \dfrac{d[L \cdot W(L)]}{dL} = W(L) + L\dfrac{dW(L)}{dL}$。如

果企业不是要素市场上的完全竞争者，而是垄断买方，它所面临的要素供给曲线 W（L）就是市场的要素供给曲线，如图 6-14 所示。而市场的要素供给曲线通常向右上方倾斜，也就是要素的市场供给量随要素价格的上升而增加，从而 $\dfrac{dW(L)}{dL} \geqslant 0$。所以边际要素成本曲线总位于要素供给曲线之上。

由于在同一个要素价格上有两个甚至更多个不同的最优要素使用量，最优的要素使用量不唯一，所以买方垄断企业的要素需求曲线不存在。

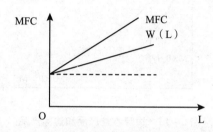

图 6-14　边际要素成本曲线和要素供给曲线

【本节应掌握知识点】

- 卖方垄断企业的要素使用原则
- 边际收益产品
- 卖方垄断企业的要素需求曲线
- 边际要素成本
- 买方垄断企业要素使用原则

本章练习题

单项选择题解析

一、单项选择题

1. 厂商使用生产要素的原则是（　　）。

A. MR = MC

B. MRP = MFC

C. VMP = MFC

D. MP = MC

2. 对于完全竞争厂商而言，厂商为追求利润最大化将会雇用工人，直到（　　）。

A. 产品的边际收益等于工资率

B. 劳动的边际产量价值等于工资率

C. 劳动的边际产量价值等于边际收益产品

D. 劳动的边际要素成本等于工资率

3. 完全竞争厂商对劳动雇用量大于产品垄断厂商对劳动的雇用量是因为（　　）。

A. MRP = W
B. VMP = W
C. MFC = W
D. MRP < VMP

4. 劳动的边际产量和产品价格的乘积是（　　）。

A. 产品的边际收益
B. 劳动的价格
C. 劳动的边际产量价值
D. 劳动的边际产量

5. 提高工资会使个人的劳动时间（　　）。

A. 增加
B. 减少
C. 不变
D. 无法确定

6. 下列说法正确的是（　　）。

A. 工资上涨的替代效应鼓励工人减少劳动时间，收入效应鼓励工人增加劳动时间

B. 工资上涨的替代效应鼓励工人增加劳动时间，收入效应鼓励工人增加劳动时间

C. 工资上涨的替代效应鼓励工人增加劳动时间，收入效应鼓励工人减少劳动时间

D. 工资上涨的替代效应鼓励工人减少劳动时间，收入效应鼓励工人减少劳动时间

7. 在完全竞争的要素市场上，要素的价格和产品的边际收益均为 6 美元，且此时厂商获得了最大利润，则该要素的边际产量为（　　）。

A. 3
B. 12
C. 1
D. 2

8. 当要素市场是完全竞争时，单个企业所面临的要素供给曲线是（　　）。

A. 向右上方倾斜
B. 向右下方倾斜
C. 垂直于横轴
D. 水平于横轴

9. 在企业是要素市场的买方垄断者时，生产要素的供给曲线与边际要素成本曲线相比（　　）。

A. 前者在后者上方
B. 前者在后者下方
C. 前者与后者重合
D. 无法判断

10. 假设企业的短期生产函数为 $Q(L) = 8L - L^2$。L 为劳动投入，$Q(L)$ 为产出，如果产品市场是完全竞争市场，产品售价为 P = 40，当工人工资为 80 元时，厂商需要的工人数是（　　）。

A. 3
B. 4
C. 5
D. 6

多项选择题解析

二、多项选择题

1. 边际产量价值包括（　　）。

A. 生产要素的边际收益

B. 边际产量和价格的乘积

C. 增加一单位某种生产要素所增加的产量的价值

D. 相当于边际收益产品

2. 在生产要素市场上，完全竞争的假设条件有（　　）。

A. 生产要素是同质的

B. 有很多生产要素的需求者和供给者

C. 生产要素的需求者和供给者都拥有充分的信息

D. 生产要素可以充分自由流动

3. 向后弯曲的劳动供给曲线说明（　　）。

A. 工资上涨对劳动力供给的吸引力是无限的

B. 工资水平较低时，工资率提高的替代效应小于收入效应

C. 工资水平较高时，工资率提高的替代效应小于收入效应

D. 劳动供给曲线上的每一点，都表示该工资水平下的最优劳动供给量

4. 均衡时，如果劳动的边际产量价值大于工资率，可能是因为（　　）。

A. 产品市场垄断

B. 要素市场垄断

C. 产品市场完全竞争

D. 要素市场完全竞争

5. 下列关于利率的说法正确的有（　　）。

A. 资本作为生产服务源泉的市场价格，即为利率

B. 使用资本的价格称为利率

C. 当利率相对较高时，会存在着较高的储蓄

D. 当利率处于很高水平时，贷款曲线会出现向左上方倾斜的现象

6. 全体厂商对某种生产要素的需求曲线，与单个厂商对这种生产要素的需求曲线相比（　　）。

A. 前者与后者更加平缓

B. 前者比后者更加陡峭

C. 前者和后者都是向右下方倾斜的

D. 前者和后者都是向右上方倾斜的

7. 不完全竞争厂商包括（　　）。

A. 在产品市场和要素市场上都是不完全竞争的厂商

B. 在产品市场上是完全竞争，但要素市场上是不完全竞争的厂商

C. 在产品市场和要素市场上都是完全竞争的厂商

D. 在要素市场上是完全竞争，但产品市场上是不完全竞争的厂商

8. 下列说法正确的有（　　）。

A. 完全竞争要素市场上，厂商的要素需求曲线向右下方倾斜

B. 不完全竞争要素市场上，厂商的要素需求曲线向右下方倾斜

C. 完全竞争要素市场上的要素需求曲线与 VMP 曲线重合

D. 不完全竞争要素市场上的要素需求曲线与 VMP 曲线重合

9. 在生产要素市场买方垄断的条件下，厂商所面临的该要素的供给曲线（　　）。

A. 一般向右上方倾斜

B. 是一条水平线上

C. 位于其边际要素成本曲线之上

D. 位于其边际要素成本曲线之下

10. 相对而言，完全竞争企业的生产要素需求曲线和完全竞争市场的生产要素需求曲线相比（　　）。

A. 更加陡峭

B. 更加平缓

C. 完全竞争企业的生产要素需求曲线是水平线，完全竞争市场的生产要素需求曲线向右下方倾斜

D. 完全竞争企业和完全竞争市场的生产要素需求曲线都向右下方倾斜

三、判断题

判断题解析

1. 在其他条件不变时，如果工资率和产品的价格都增加 1 倍，在完全竞争市场中追求利润最大化的企业的边际产量也会增加。
（　　）

2. 假设某个人的年薪为 20 万元，但若他从事其他职业，最多只能得到 5 万元，那么他所获得的经济租金为 25 万元。（　　）

3. 劳动只有生产服务的价格，没有所有权价格。（　　）

4. 对生产要素的需求等同于对产品的需求。（　　）

5. 土地的供给曲线中有一段"向后弯曲"。（　　）

6. 垄断厂商在完全竞争的劳动市场上同时雇用熟练工人和非熟练工人，那么厂商支付给他们的工资与他们各自的劳动的边际生产力成正比。（　　）

7. 影响生产要素需求的主要因素包括生产的技术水平。（　　）

8. 闲暇商品价格变化的收入效应大于替代效应，因此决定劳动供给曲线在较高的工资水平上开始向后弯曲。（　　）

9. 完全竞争厂商和产品卖方垄断厂商都是劳动市场上的完全竞

争者。如果二者支付的工资是相同的，那么为这两个厂商工作的工人得到的工资都会与其边际产品价值相等。   （ ）

10. 生产要素的供给者只是消费者。   （ ）

分析题解析

四、分析题

1. 为什么在完全竞争条件下，对某种生产要素的市场需求曲线不是由各个厂商的生产要素需求曲线的水平方向加总而成？

2. 分析边际产量价值和边际收益产品有什么联系和区别？

3. 张三住在郊区，在市区上班，上下班时间各需两小时，在这种情况下张三准时上下班；但当郊区与市区之间的高速公路建成后，上下班时间缩短了一半，从此张三就经常迟到早退。请你用经济学理论解释这种现象。

4. 讨论在什么样的情况下，要素的需求曲线不存在。

5. 分析与产品市场相比，生产要素市场具有哪些特点。

计算题解析

五、计算题

1. 一种可变生产要素条件下，完全竞争的产品市场上企业的生产函数为 $Q = 6L + 3L^2 - 0.02L^3$，劳动供给函数为 $W = 60 + 3L$，产品价格 $P = 2$，求利润最大化时的 L、Q 和 W 的值。

2. 假设某劳动市场的需求曲线为 $D_L = 600 - 80W$，劳动供给曲线为 $S_L = 220W$，求：

（1）劳动市场均衡的劳动数量和工资率。

（2）如果政府规定最低工资为每小时 3 元，对劳动市场有何影响？

3. 一个消费者要分配 24 小时给自己的工作和休闲。他的效应来自休闲时间 R 和收入 I。他工作一小时的工资率是 W，他一天的效用函数为 $U(R, I) = 48R + RI - R^2$。

（1）给出这个消费者的劳动供给函数。

（2）他工作的时间会随着工资率的增加而增加吗？

（3）不管工资率有多高，他的工作时间有一个极限吗？

4. 假设某厂商在完全竞争的产品市场和要素市场上进行生产，其生产函数为 $Q = 40L^{0.5}K^{0.5}$，其中 Q 为产品的年产出吨数，L 为雇用的工人人数，K 为使用的资本单位数。产品单价为每吨 50 元，工人年工资为 10000 元，单位资本价格为 80 元，在短期资本固定为 3600 单位。试求：

（1）该厂商劳动需求曲线。

（2）该厂商使用劳动的数量。

（3）短期均衡时厂商的劳动需求弹性。

（4）厂商的年利润。

六、论述题

1. 论述要素使用原则和利润最大化产量原则之间的关系。
2. 用收入效应和替代效应说明劳动供给曲线向后弯曲的原因。

论述题解析

第七章
一般均衡与效率

学习目标

通过本章的学习，学生应理解：
- 一般均衡的含义，补偿原则，社会福利函数有关的概念及定理
- 瓦尔拉斯的一般均衡模型
- 交换均衡分析方法
- 判断经济效率的标准、帕累托最优条件

本章概要

在西方经济学关于市场活动的分析中有两种不同的分析方法：局部均衡分析和一般均衡分析。前者给予其他条件不变的假定，孤立地研究单个商品市场的供求和价格的变动及其均衡的实现；后者则从市场间不可分割的相互依存、相互联系的要求出发，探讨整个市场体系中所有市场同时实现均衡的问题。本章在前述各章节针对单个市场展开的局部分析基础上，将现实经济中各个变量相互影响的因素加入，进行一般均衡分析。首先介绍局部均衡与一般均衡的概念；接下来以完全竞争市场为例，分析交换、生产、交换和生产同时进行的帕累托最优条件，最后分析公平与效率的权衡。

本章知识逻辑结构图

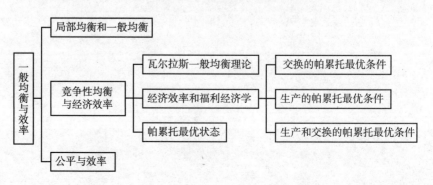

第一节 一般均衡

本节主要介绍局部均衡和一般均衡的概念。

一、局部均衡和一般均衡的概念

局部均衡是指在假设其他市场不变的情况下，某一特定产品或要素的市场均衡。

一般均衡是指在一个经济体系中，所有市场的供给和需求同时达到均衡的状态。一般均衡分析从微观经济主体行为的角度出发，考察每一种产品和每一个要素的供给和需求同时达到均衡状态所需具备的条件和相应的均衡价格及均衡供销量应有的量值。

局部均衡和一般
均衡的概念

【知识点解读】

局部均衡和一般均衡的概念：理解局部均衡和一般均衡概念，要注意区分两者之间的区别和联系。

习题

二、瓦尔拉斯一般均衡的结构

最早提出一般均衡概念的是法国著名经济学家瓦尔拉斯。瓦尔拉斯认为，整个市场体系的所有市场是一个相互联系的整体，一个市场的价格和供求关系的变动，势必影响构成该市场体系的所有市场的价格和供求关系，因此，必须从整个市场体系中各市场间的相互联系、相互影响的视角来分析和研究市场均衡问题。当整个市场体系实现均衡的时候，便决定了构成该市场体系的各个市场的均衡价格和数量。通过考察相互联系的多个市场相互影响的关系，以说明多个市场价格决定和供求关系变动的相关性或依存性。

瓦尔拉斯一般
均衡的结构

瓦尔拉斯一般均衡的结构。一是在瓦尔拉斯一般均衡模型中，经济中有 r 种产品，$n-r$ 种要素；以 $Q_1, \cdots, Q_r$ 表示各种产品的数量，以 $P_1, \cdots, P_r$ 表示其价格；各种要素的数量为 $Q_r+1, \cdots, Q_n$，其价格则分别为 $P_r+1, \cdots, P_n$。二是家庭和企业的行为：产品需求与供给和要素需求与供给。所有产品市场和要素市场均为完全竞争市场，即单个企业和单个消费者都是价格的接受者。说明了完全竞争条件下一般均衡的存在性，各个市场是相互影响的，就应该在相互影响的条件下研究所有产品或生产要素市场的同时均衡，这就是一般均衡分

习题

析，当一般均衡实现时，市场体系中的所有价格和数量都是最终确定下来，称为均衡的价格和数量。那么这种均衡是否能够实现呢？瓦尔拉斯的一般均衡模型对此进行了分析。三是产品市场和要素市场的一般均衡。在市场中，家庭提供要素并需求产品，企业提供产品并需求要素，这是一个互动的过程，二者的相互作用最终推动产品市场和要素市场实现均衡。

【知识点解读】

瓦尔拉斯的一般均衡结构：表示一般均衡时，要实现产品市场和要素市场的产品的供给和需求同时达到均衡。瓦尔拉斯虽然提出了一般均衡的命题，但是瓦尔拉斯本人当年对一般均衡存在性的证明存在逻辑错误，后来阿罗利用不动点原理证明了在一系列假定前提下一般均衡的存在性。

【本节应掌握知识点】

- 局部均衡和一般均衡的基本概念
- 局部均衡和一般均衡的关系
- 瓦尔拉斯的一般均衡结构

第二节　竞争性均衡与经济效率

本节分析完全竞争条件下一般均衡是否有效率。分析经济效率的定义标准。

一、经济效率的标准

经济效率的标准

习题

如果既定的资源配置状态的改变使得至少有一个人的状况变好，而没有使任何人的状况变坏，则认为这种资源配置状态的变化是"好"的，否则认为是"坏"的。这种以帕累托标准来衡量为"好"的状态改变称为帕累托改进。如果对于某种既定的资源配置状态，所有的帕累托改进均不存在，即在该状态上，任意改变都不可能使至少有一个人的状况变好而又不使任何人的状况变坏，则称这种资源配置状态为帕累托最优状态。

在既定的生产技术条件下，从全社会的角度来看，当经济系统不可能以现有可供使用的资源使得社会成员获得更多的福利时，则称经济系统实现了经济效率。在全社会资源总量既定的情况下，某一资源配置是帕累托有效率配置，是指在该资源配置状态下，如果想要增加某一个人的福利，必须以牺牲其他人的福利为代价。

【知识点解读】

帕累托最优状态：要正确理解帕累托最优的含义。只有当在一种状态（s1）下没有一个人的境况比在另一种状态（s2）下更差，而且其中有些人或起码有一人的境况比在另一种状态下更好，才可以说从社会角度这一状态（s1）比另一状态（s2）更好。如果当在一种状态下社会已不能使任何一人的福利效用增加，而不至于使别人的福利减少，那么这一状态就是帕累托最优状态。由状态（s2）向状态（s1）转化，被称作帕累托改进。帕累托最优状态与收入分配是否公平没有关系，在某种帕累托最优状态下如果社会分配极度不公平，穷人如果要获得改善需要损害富人的利益，那么穷人还是穷人，富人还是富人。

二、竞争性均衡与交换的效率

假定对于产品的最初分配，消费者可以通过交换使得每个人的状况有所改善。这意味着，最初的产品分配在经济上是缺乏效率的。为了理解为什么交换会使人们的境况得到改善，这里考察两个人之间的交换。

以埃奇沃斯盒式图表示的交换，如图 7-1 所示。

竞争性均衡与
交换的效率

习题

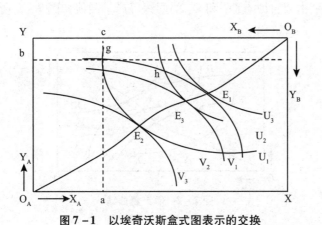

图 7-1 以埃奇沃斯盒式图表示的交换

在 E_1 点继续增加 A 的效用的唯一方法是损害 B 的效用，也就是说 E_1 点为帕累托有效点。E_1 点并不是唯一的与禀赋点 g 对应的帕累托有效点。E_2 点也是这样的一个点。不同的是，在 E_2 点，与 g 点相比，A 的效用没有增加，而 B 的效用则从 V_1 增至 V_3。

E_3 也为一个帕累托有效点。在 E_3，与 g 相比，A 和 B 的效用都有增加。

在 E_2 与 E_3 之间，以及 E_3 与 E_1 之间，还有无数个（假设商品的量是无限可分的）可能的帕累托有效点。因此，与一初始状态（禀赋点）相应的可有一整个帕累托有效点集合，各个有效点的共同特点是 A 与 B 的无差异曲线相切，即：

$$MRS^A_{XY} = MRS^B_{XY}$$

这是达到帕累托交换效率的条件。

将 A 和 B 的无差异曲线的所有相切点联结起来，这样形成的一条曲线叫契约线，它表示两种产品在两个消费者之间的所有最优分配的集合。

【知识点解读】

如果所有消费者对任意两个产品的边际替代率都等于该两个产品的价格比率，产品在消费者之间的分配就是有效的。这种分配是通过交换形成的。

三、竞争性均衡与生产的效率

竞争性均衡
与生产的效率

习题

生产效率的条件，也可以用埃奇沃斯盒式图来推导得到。根据假定，经济两要素（劳动 L、资本 K）的量是给定的，它们分别由埃奇沃斯盒式图的横边和纵边来表示。经济生产中的两种商品（X 和 Y），它们分别由起自原点 O_X 和 O_Y 的两组等产量曲线如图 7-2 所示。

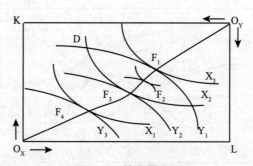

图 7-2　等产量曲线

由于生产者可以利用生产要素生产出不同的 X 和 Y 产量，假设产量可以无限细分，他们就有无数条等产量曲线。在盒式图中，所有等产量曲线相切的点连接起来的曲线叫作生产契约曲线。在这条线上的任一点，都是帕累托有效点。生产效率的条件可简单表示为：

$$MRTS_{LK}^{X} = MRTS_{LK}^{Y}$$

可以将图7-2中的生产效率所反映的 X 与 Y 产量之间的关系，用生产可能性曲线重新表述，如图7-3中的生产可能性曲线。

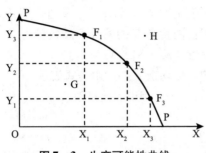

图7-3　生产可能性曲线

生产可能性曲线也称作产品转换曲线，表示用既定数量的生产要素在生产达到帕累托最优状态时所能生产的商品 X 和 Y 的最大数量组合。

【知识点解读】

生产可能性曲线：注意在生产可能性曲线以内的点，表示没有充分利用现有资源条件下生产出来的商品 X 和 Y 的组合，在生产可能线以外的点，表示即使充分利用现有生产要素也不可能生产的两种商品的数量组合。

四、竞争性均衡与社会的资源配置效率

将生产可能性曲线与表示产品在消费者之间分配的埃奇沃斯盒式图合在一起，就可以分析是否生产的产量组合正是消费者所喜欢得到的组合，如图7-4所示。

竞争性均衡与
社会的资源
配置效率

习题

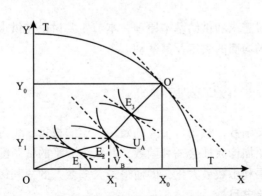

图7-4　生产可能性曲线与消费者的埃奇沃斯盒式图

交换和生产的最优条件是：两种商品的产品转换率等于商品的替代率，也就是产品转换曲线的斜率等于无差异曲线的斜率。在图 7-4 中，通过产品转换曲线上 O′点的切线，平行于通过无差异曲线 UA 和 VB 的切点 E_2 的切线。这就是说，O′点的产品转换率等于 E_2 点的商品替代率。O′点所表示的产量 X_0 和 Y_0 在两个消费者之间按照 E_2 点所表示的比例分配：消费者 A 的两种商品数量为（X_1，Y_1）；消费者 B 的两种商品数量为（$X_0 - X_1$，$Y_0 - Y_1$）。

生产和交换的一般均衡条件，用公式表示：

$$MRS_{XY} = MRT_{XY}$$

【知识点解读】

符合最优条件的点：在产品转换线上还可以找出许多其他的点，与其中任一点也有一个与之相应的 MRT，也就有一个与该点相应的埃奇沃斯盒式图。在新的盒式图中的交换契约线上，同样可以找出一个 MRS 与该点的 MRT 相等之点。这两者的相等之点也符合一般均衡条件。故符合最优条件的点有很多。至于整个经济社会要选择哪一点，理论上应从所有消费者的无差异曲线推导出一条社会无差异曲线，并使之与转换曲线相切来求得全社会的均衡。

【本节应掌握知识点】

- 交换的帕累托最优条件
- 生产的帕累托最优条件
- 交换和生产的帕累托最优条件

第三节　公平与效率

通过学习需求和供给基本原理，本节主要讨论在供求两种力量的作用下，市场均衡的决定及其变动。

一、公平的社会标准

功利主义函数，赋予每个人的效用一定的权重，将每个人的效用按照该权重相加构成社会福利函数，并认为公平的资源配置应该是努力使该社会福利函数最大化，即使得最大多数人的福利最大化是一个公平社会的追求目标。

$$W = \alpha_1 U_1 + \alpha_2 U_2 + \cdots + \alpha_n U_n$$

罗尔斯的社会福利函数。这种公平观认为公平的社会应该能够最大化境遇最差人的福利,这种社会福利函数更多地关注福利水平最低的人的效用。该社会福利函数公式为:

$$W = \min\{U_1, U_2, \cdots, U_n\}$$

效用可能性边界如图7-5所示。

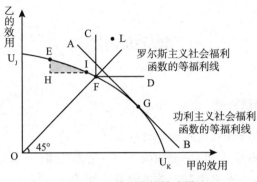

图7-5 效用可能性边界

【知识点解读】

社会福利函数:注意社会福利函数的图形推导。

二、公平与效率的权衡

在一定的条件下,任何帕累托有效率的资源配置都是可以通过竞争性市场获得的,我们要做的只是调整初始禀赋的位置。社会可以为了获得某种公正,进行人际财富转移,但是不应该针对市场分配的结果进行再分配,而应在市场机制发生之前针对每个人的资源禀赋进行调整。如果由于任何原因造成了竞争过程的结果是不适宜的,那么修正这种情况的好方法是调整这一过程开始时的收入分配(初始禀赋)状况,而不是直接干预这个竞争过程本身。换句话说,为了获得社会适宜的公平结果,我们不应该干预竞争的结果,而应该干预竞争的起点。

完全竞争市场
与帕累托效率

【知识点解读】

公平与效率权衡结论:这一结论的意义在于,公平与效率可分开考虑,任何帕累托有效率配置都能得到市场机制的支持。市场机制在分配上是中性的,不管商品或者财富分配的公平标准是什么,都可以利用竞争性市场来实现这种社会公平观。它提醒我们,如果社会认为某种竞争性市场获得的分配结果是不公平、不适宜的,那么干扰那些竞争性市场形成的价格体系以试图获得适宜的公平结果时要非常谨慎。

【本节应掌握知识点】
- 社会福利函数
- 公平与效率的权衡

本章练习题

单项选择题解析

一、单项选择题

1. 当所有市场同时达到均衡叫作（　　）。

A. 局部均衡　　B. 一般均衡　　C. 静态均衡　　D. 动态均衡

2. 当交换具有效率时，满足的条件为（　　）。

A. 经济处于生产可能性曲线上

B. 人们为一种商品支付的价格可用来度量该商品的边际利益

C. 人们为一种商品支付的价格是他们觉得公平合理的价格

D. 收入总和中，每个人得到公平的一份

3. 当生产具有效率时，满足的条件为（　　）。

A. 商品的现行分配是公平的

B. 经济中所有商品的产量达到最大化

C. 生产的商品的组合符合人们的偏好

D. 经济处于生产可能性曲线上

4. 当达到帕累托最优配置时，（　　）。

A. 总产量最大

B. 总效用最大

C. 消费者得到他们想要的所有东西

D. 没有一个人可以在不使任何他人境况变坏的条件下使得自己境况变得更好

5. 当经济中所生产的产品组合反映消费者的偏好时，经济达到了（　　）。

A. 效用的效率　　　　　　　　B. 产品组合的效率

C. 生产的效率　　　　　　　　D. 交换的效率

6. 经济具有产品组合的效率时，（　　）。

A. 经济处于生产可能性曲线内部

B. 厂商使用的资源准确反映了所有可用的资源

C. 商品以不可能从进一步交易中获益的方式在所有人中加以分配

D. 经济中所生产的产品组合反映消费者的偏好

7. 两种商品在两个消费者之间进行分配，帕累托最优的条件为（   ）。

A. 不使其他人受损就不能使某人受益

B. 个人都处在某消费契约曲线上

C. 个人都处在某效用可能性曲线上

D. 包括以上所有条件

8. 如果经济处于生产可能性曲线上，（   ）。

A. 它必具有产品组合的效率

B. 人们已获得了能从交易中获得的所有好处

C. 它不具有产品组合的效率

D. 这不保证经济具有产品组合的效率

9. 如果对于消费者甲来说，以商品 X 替代商品 Y 的边际替代率等于2；对于消费者乙来说，以商品 X 替代 Y 的边际替代率等于1。完全竞争市场条件下有可能发生的是（   ）。

A. 乙用 X 向甲交换 Y   B. 乙用 Y 向甲交换 X

C. 甲和乙不会交换商品   D. 以上均不正确

10. 交换的效率要求（   ）。

A. 对于每个人，任意两种商品的边际替代率都等于一

B. 对于每个人，任意两种商品的边际替代率等于那两种商品的边际效用的比率

C. 对于每个人，任意两种商品的边际替代率等于它为了多得到一单位一种商品而愿意放弃另一种商品的数量

D. 对于每个人，任意两种商品的边际替代率等于哪两种商品的价格比率

二、多项选择题

1. 当一个经济具有帕累托效率时，下述命题不正确的有（   ）。

A. 稀缺被最小化

B. 稀缺被消除

C. 所有人的需要已满足

D. 不再有未被获得的能通过交易得到的好处

多项选择题解析

2. 经济具有交换的效率意味着（   ）。

A. 获得了个人能从交换中获得的所有好

B. 厂商必须最小化其成本

C. 不可能在生产出更多的某些产品的同时不减少其他产品的产量

D. 经济必须处于交换契约线上

3. 下列陈述正确的有（   ）。

A. 资源的每一项交换效率也是帕累托效率

B. 资源的每一项帕累托效率也是交换效率

C. 资源的每一项生产效率也是帕累托效率

D. 资源的每一项帕累托效率也是生产效率

4. 经济具有生产的效率时，（   ）。

A. 经济中生产的所有商品的产量达到最大化

B. 不可能在生产更多的某些产品的同时不用减少其他产品的产量

C. 商品的现行分配是公平的

D. 经济处于生产可能性曲线上

5. 当经济是帕累托有效时，意味着（   ）。

A. 人们已获得了能从交换中获得的所有好处

B. 收入分配是公平的

C. 厂商不可能在生产出更多的某种产品的同时不减少另一种产品的产量

D. 产品组合符合消费者的偏好

6. 一般均衡的实现，需要（   ）达到均衡。

A. 产品市场   B. 要素市场

C. 货币市场   D. 劳动力市场

7. 下列陈述正确的有（   ）。

A. 所有市场同时达到均衡称为一般均衡

B. 所有市场同时达到均衡称为局部均衡

C. 单个市场达到均衡称为局部均衡

D. 单个市场达到均衡称为一般均衡

8. 根据经济体系中所有市场是否同时达到均衡，可以分为（   ）。

A. 一般均衡   B. 局部均衡

C. 供求均衡   D. 全体均衡

9. 下列陈述正确的有（   ）。

A. 对单个市场进行分析需采用局部均衡分析

B. 对单个市场进行分析需采用一般均衡分析

C. 对多个市场进行分析需采用局部均衡分析

D. 对多个市场进行分析需采用一般均衡分析

10. 关于福利经济学，下列陈述正确的有（   ）。

A. 福利经济学从福利观点或最大化原则出发

B. 福利经济学以社会目标和福利理论为依据

C. 福利经济学的研究范围只限于生产领域

D. 福利经济学的研究范围只限于交换领域

三、判断题

判断题解析

1. 只研究一个市场，而忽略其他市场的分析被称作局部均衡分析。　　　　　　　　　　　　　　　　　　　　（　　）

2. 同时分析经济中所有市场的相互依存关系，这种分析被称作局部均衡分析。　　　　　　　　　　　　　　　（　　）

3. 所有市场都达到均衡的情况称为一般均衡。　（　　）

4. 当达到帕累托最优配置时，没有一个人可以在不使任何他人境况变坏的条件下使得自己境况变得更好。　　　（　　）

5. 生产可能性曲线上的点，在生产过程中达到了帕累托最优状态。　　　　　　　　　　　　　　　　　　　　（　　）

6. 在一定的条件下，任何帕累托有效率的资源配置都是可以通过竞争性市场获得的。　　　　　　　　　　　　（　　）

7. 生产可能性曲线也称作产品转换曲线。　　　（　　）

8. 在帕累托最优情况下，如果想要增加某一个人的福利，必须以牺牲其他人的福利为代价。　　　　　　　　　（　　）

9. 当经济系统不可能以现有可供使用的资源使得社会成员获得更多的福利时，则称经济系统实现了经济效率。　（　　）

10. 福利经济学有以庇古为代表的旧福利经济学和以帕累托为代表的新福利经济学之分。　　　　　　　　　　（　　）

四、分析题

分析题解析

1. 一个经济具备哪些条件才能是帕累托有效的，为什么？

2. 亚当·斯密写道："每个人都会尽其所能，运用自己的资本来争取最大的利益。一般而言，他不会意图为公众服务，也不自知对社会有什么贡献。他关心的仅是自己的安全、自己的利益。但如此一来，他就好像被一只'无形之手'引领，在不知不觉中对社会的改进尽力而为。在一般情形下，一个人为求私利而无心对社会作出贡献，其对社会的贡献远比有意图作出的大。"他的观点对不对？为什么亚当·斯密说个人的利己心能促进社会福利？

3. 对于企业甲而言，用劳动替代资本的边际技术替代率等于4；对于企业乙而言，用劳动替代资本的边际技术替代率等于3，他们会进行自愿交易吗？

4. 有时候会发生这样的情况：一项买卖成交后双方都不十分满意，买方认为花的钱太多，而卖方则觉得卖得太便宜。有人认为，"在这种情况下生产者剩余和消费者剩余都不存在，贸易可以增进双方福利水平的说法在理也并不成立。"你怎么看这一问题？

计算题解析

五、计算题

1. 竞争市场上 X 商品的价格是 1 元，Y 商品的价格也是 1 元，某人 A 没有初始财富，但可以生产 X 也可以生产 Y，最大产量为 $X^2 + Y^2 = 200$，A 在把商品拿到市场上销售或者从市场上买回商品的途中，都会有 1/10 的损耗。以 X、Y 商品为轴画出 A 的生产可能性曲线和最大消费可能性曲线。如果 A 的偏好为 $U = X + Y$，A 的最佳生产和消费方式是怎样的？有没有交换行为？如果偏好为 $U = 20X + 19Y$，有没有交换行为？偏好为 $U = 2X + Y$，有没有交换行为？假设途中没有损耗，上述几个问题的答案是什么？

2. 假设张某生产并消费鱼 F 与椰子 C。如果他决定一周工作 40 小时，这些时间用于捕鱼还是采椰子上是无差异的。张某的鱼产量为 $F = 0.5LF$，椰子产量 $C = 0.5LC$，其中 LF 和 LC 分别为花在捕鱼和采椰子上的时间，张某的效用函数为 $U = FC$，如果张某无法与外部世界进行贸易，他将如何配置他的劳动时间？如果可以进行贸易，且 $PF/PC = 2/1$，如果张某仍然生产与第一问相同产量的 F 和 C，张某将如何选择他的消费？可以进行贸易条件下张某将如何调整他的生产和消费？

3. 以两个消费者、两种商品的简单经济为例，给出一经济社会达到交换的帕累托最优状态之必要条件数学推导。

六、论述题

1. 为什么完全竞争市场可以实现帕累托效率？

2. 一般认为，竞争性市场是有效率的，但为什么有时会出现市场失灵？既然市场会出现失灵，为什么我们还要建立市场经济体制？

论述题解析

第八章
市 场 失 灵 和 微 观 经 济 政 策

学习目标

通过本章的学习，学生应理解：

- 什么是市场失灵
- 垄断会对资源配置带来怎么样的影响，如何应对
- 外部性如何导致市场失灵，消除外部性的微观经济政策
- 公共物品、公共资源如何导致市场失灵，解决的途径
- 信息不完全、信息不对称与市场失灵，解决的方法
- 社会收入分配平等的衡量

本章概要

本章论述市场失灵即为解决市场失灵而采取的微观经济政策。所谓市场失灵，按照微观经济学的分析，是指市场机制不能有效发挥作用，难以实现帕累托效率的状况。造成市场失灵的原因是多方面的，主要包括：市场的不完全性，即存在垄断因素；公共物品；外部性；信息不完全。另外，在市场经济中，市场运行结果也可能出现两极分化，即出现所谓"富裕中的贫困"现象。这也被看成是市场调节弊端意义上的市场失灵。

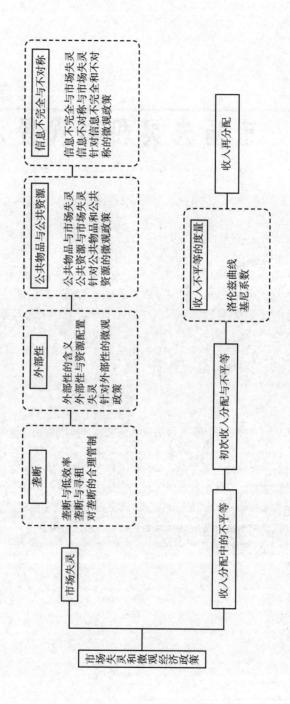

第一节 垄 断

在分析市场失灵问题时，微观经济学把垄断企业和生产要素垄断销售者的存在看作是市场失灵的因素。因为垄断造成低效率，影响实现帕累托最优。为了限制垄断和发展竞争，把垄断造成的影响减到最小，微观经济学主张实行限制垄断的政策，如美国实行的"反托拉斯法"和其他反垄断的措施。本节主要对垄断和低效率、寻租活动等内容进行详解。

市场失灵的概念

一、垄断和低效率

西方经济学家普遍认为，垄断会造成经济的低效率。认为垄断的低效率是其造成市场失灵的根本表现。进一步来分析垄断企业长期均衡时的低效率。

垄断和低效率

图 8-1 是一个垄断企业的长期均衡状况。在均衡点上，价格 P^* 高于边际成本 MC，表明消费者愿意为增加额外一单位产量所支付的价格超过了生产该单位产量所增加的成本，存在帕累托改进的余地，因此，垄断企业在均衡点上未达到帕累托有效率状态。在 Q^{**} 的产量水平上，需求曲线与边际成本曲线相交，即消费者为额外一单位产量愿意支付的价格等于生产该额外产量的成本，此时，不存在任何帕累托改进的余地。因此，Q^{**} 是帕累托有效率产出。如果能够设法使产量从垄断水平 Q^* 增加到 Q^{**}，则实现了帕累托有效率。但在现实中，由于存在种种困难，实际得到的通常便是无效率的垄断情况。

习题

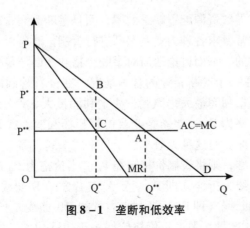

图 8-1 垄断和低效率

【知识点解读】

上述关于垄断的分析，也适用于垄断竞争或寡头垄断等其他非完全竞争的情况。实际上，只要市场不完全竞争，就会出现低效率的资源配置状态。由于达成协议的各种困难，潜在的帕累托改进难以实现，整个经济偏离帕累托有效率状态，出现低效率。

垄断不仅偏离帕累托有效率状态，还使社会产出低于帕累托有效率产出，更重要的是垄断诱发了寻租。

二、寻租活动分析

习题

寻租是指试图获得一种可以赚取经济利润的垄断的活动。

寻租者以两种形式追求其目标：购买垄断和创造垄断。

如何衡量寻租活动的经济损失？就购买垄断权利的单个寻租者而言，其愿意花费在寻租活动上的费用不会超过垄断地位带来的经济利润，否则就不值得进行寻租活动了。但是，寻租活动不会给寻租者带来长久的经济利润，而创造垄断的寻租形式则是浪费资源的有代价的活动。

【知识点解读】

由于寻租，垄断产生了超过净损失的社会成本，这些社会成本等于净损失加用于寻租的资源的价值，即加整个垄断的经济利润。这表明，在存在垄断因而进行寻租活动的情况下，产生了社会净成本，根本无从实现只有竞争市场方能实现的经济效率，无法达到帕累托最优状态。

三、对垄断的公共管制

习题

垄断常常导致资源配置缺乏效率，而且垄断利润常被看成是不公平的，因此常常要求各种力量对垄断进行管制。政府对垄断的管制手法是多种多样的。下面讨论政府对垄断价格和垄断产量的管制。

图 8-2 是一个垄断企业的基本情况。在没有管制的条件下，垄断企业生产根据利润最大化原则，决定利润最大化产量为 Q^*，并据此确定垄断价格为 P^*，垄断企业获得了超额利润，或者说，全部利润大于正常利润。对这种无效率也不公平的垄断，需要进行管制。如果以效率为标准，则将管制价格定在 P_M。当价格为 P_M 时，垄断企业面临的需求曲线为折线（即 $P_M A$ 及 A 点右方的 D 曲线），从而边际收益曲线为间断线（即 $P_M A$ 即 A′ 点右方的 MR 曲线）。于是最大化产量为 Q_M。在该产量水平上，价格恰好等于边际成本，实现了帕累托

有效率，但垄断企业仍然可以获得一部分超过正常利润的经济利润。如果以公平为目标制定管制价格，则管制价格应为 P_A。在价格为 P_A 时，产量为 Q_A。此时经济利润刚好为零，但边际成本大于价格，不符合帕累托有效率标准。因此，按照效率标准制定管制价格，产量太低、价格太高；在零经济利润情况下，正好相反，价格太低、产量太高。

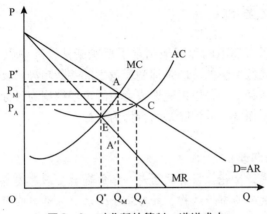

图 8-2 对垄断的管制：递增成本

在市场需求得到满足之前，平均成本不具有递增部分，而是持续下降的所谓自然垄断情况，如图 8-3 所示，平均成本 AC 一直下降，故而边际成本 MC 总在其下方。不存在管制时，垄断企业的价格为 P^*，产量为 Q^*，既不公平，也没有效率。当管制价格为 P_M 时，达到帕累托有效率，但此时垄断企业出现亏损，需要政府给予一定的补贴。如果管制价格为 P_A，刚好为零经济利润，此时边际成本小于边际收益，不符合帕累托有效率标准，规模经济优势也没有充分发挥。

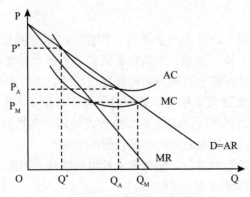

图 8-3 对垄断的管制：递减成本

【知识点解读】

对垄断的经济监管是多样的，如对价格和产量的管制，有时必须补贴垄断厂商的亏损。但补贴所带来的问题是，为了提供补贴，政府必须提高税收或借更多的债，或放弃某些其他领域的支出。此外这种有多少亏损补贴多少的方式也会抑制自然垄断企业降低成本的欲望，造成对自然垄断企业的负向激励。

四、反垄断法

习题

各西方国家都不同程度地制定了反垄断法，其中以美国最为典型。实行反托拉斯法的目的是抑制反竞争的垄断趋势。反托拉斯法遵循这样两个途径：一是以促进形成竞争的市场结构为目标；二是以管理市场传导从而减少或消除垄断行为为目标。

【知识点解读】

概括地说，反托拉斯法试图走一条促进社会满意的市场绩效的道路，形成有效率的市场结构，并对市场活动加以适当的管理。

【本节应掌握知识点】

- 垄断与低效率
- 寻租
- 对垄断的公共管制
- 反垄断法

第二节 外 部 性

在经济生活中，各个产业部门、各种经济单位都是相互联系的，有时一个行为主体，比如一个消费者或者一个企业可能对另一些企业或个人造成外部影响。这种影响可能是正面的，也可能是负面的。这两种外部性都能造成实际发生量相对于社会最优要求发生量的偏移，造成市场失灵。在不能以市场调节的方式处理外部性影响的情况下，就需要由政府直接担负起解决外部性影响的责任。

就负外部性影响而言，经常造成环境的破坏，因此，治理负外部性影响也是治理环境的根本问题。

一、外部性的含义及其分类

外部性的含义
及其分类

（一）外部性的含义

当经济行为主体的经济活动对其他经济行为主体有溢出成本或溢出收益时，就出现了外部性。因此外部性定义为人们的经济活动对他人造成的影响，而这些影响又未被计入市场交易的成本或价格之中。外部性又称外在效应或邻居效应。

（二）外部性的分类

1. 外部性根据影响的正负效果分为正外部性和负外部性

正外部性是指生产者或消费者的一项经济活动会给社会上其他成员带来好处，但他自己却不能由此而得到补偿。

负外部性是指生产者或消费者的一项经济活动给社会上其他成员带来危害，但他自己却并不为此而支付足够抵偿的成本。

2. 外部性根据行为主体的类型分为生产的外部性和消费的外部性

生产的外部性是指经济行为主体的生产活动使其他生产者增加（或减少）成本，但又未补偿（或收费）的情形。

消费的外部性是指经济行为主体的消费行为引起其他消费者利益的增加或减少。

习题

【知识点解读】

在现实生活中，外部性无所不在，无时不在。尽管一个经济行为主体（生产者或消费者）造成的外部影响对整个社会微不足道，但所有经济行为主体造成的外部影响加总起来是巨大的。

二、外部性条件下市场机制的资源配置失灵

在存在外部性影响的情况下，必然引起资源配置的低效率。正外部性下市场实际发生量小于社会最优要求，而在负外部性下市场实际发生量大于社会最优要求。外部性影响所产生的市场失灵无法依靠市场进行解决，因而产生市场失灵，需要政府进行干预。

外部性下的
市场失灵

（一）正外部性条件下市场机制的资源配置失灵

正外部性情况下，由于正外部性的行为人没有获得报酬，边际收益小于处于公平考虑的边际社会收益，因而市场成交量相对于社会最优要求偏小。

习题

以教育为例说明正外部性造成资源配置失灵的原因。教育是造成正外部性的典型例证，因为教育为社会整体带来外部利益。如图 8－4 所示，在没有外部性的情况下，市场机制推动市场达到均衡，此时均衡数量为 $Q_{市场}$，均衡价格为 $P_{市场}$。然而在有正外部性的情况下，市场机制形成的这一均衡不是社会最优。正外部性是收益的外溢，可以认为是边际社会收益（MSB）和需求曲线（边际私人收益，MPB）之差，因此边际社会收益等于边际私人收益加上边际外部收益。由于教育具有正外部性，社会最优应是边际社会收益与供给曲线（边际成本曲线）的交点，最优数量应是 $Q_{最优}$。显然 $Q_{最优}$ 大于 $Q_{市场}$，说明市场机制配置的教育数量偏少了，市场机制配置资源失灵了。

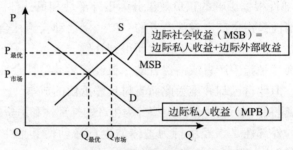

图 8－4　正外部性导致的市场失灵

（二）负外部性条件下市场机制的资源配置失灵

对出现负外部性时，市场机制的结果不再有效率，这是因为负外部性给社会带来了一个额外成本（外部成本），市场上的生产者和消费者没有明确承认这一成本，导致市场机制配置的资源偏离了社会最优而失灵。

如图 8－5 所示，私人成本形成的供给曲线与需求曲线决定均衡数量是 $Q_{市场}$、均衡价格是 $P_{市场}$，社会成本形成的供给曲线与需求曲线决定的均衡数量是 $Q_{最优}$、均衡价格是 $P_{最优}$。显然 $Q_{最优}$ 小于 $Q_{市场}$，市场机制配置的资源偏离了最优状态，市场机制的资源配置失灵了。

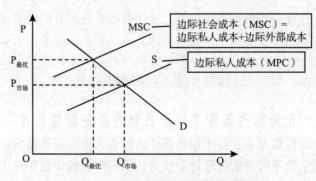

图 8－5　负外部性导致的市场失灵

【知识点解读】

存在外部性的情况下，市场机制配置资源达不到帕累托有效率，即"看不见的手"在资源配置上失灵。一般而言，在正外部性的情况下，私人活动的水平常常低于社会所要求的最优水平；负外部性的情况下，私人活动的水平高于社会所要求的最优水平。

三、针对外部性的微观政策

存在外部性的条件下，市场机制配置资源失灵了，需要寻求方法纠正市场失灵。

针对外部性的
微观政策

（一）非市场方式的命令与控制

在环境污染等负外部性条件下，$Q_{市场}$大于$Q_{最优}$，采取措施降低产量是正确的。解决这一问题的通用方法是使用命令与控制。在命令与控制下，政策制定者要么直接限制产量水平，要么强制使用某些技术。

（二）以市场为基础的规制方式

以市场为基础的规制方式是利用市场的力量来实现外部性内部化。与命令和控制相比，这种方式在开发新的技术以减少污染方面提供了更多的激励。最著名的以市场为基础的规制方式是纠正性税收和补贴。

习题

存在负外部性的情况下，生产者生产的产量大于社会最优的产量，政府可以通过对该产品征税来缩减其产量，这种税称为纠正性税收或庇古税。

正外部性条件下，生产者生产的产量小于社会最优的产量，政府可以通过补贴来增加产品的供给数量。

（三）科斯定理

科斯定理是指不管权利的初始界定如何（谁拥有合法的产权），谈判都会导致有效的结果。这个定理意味着，政府干预不是解决外部性问题的必要手段，私人交易可以解决外部性问题。

科斯定理

在交易费用为零或较低条件下，不管谁拥有最初的产权，通过交易都可以达到最有效的结果。但在交易费用较高条件下，政府重新界定产权是解决外部性最好的办法。

【知识点解读】

纠正外部性导致的市场失灵，通常有如下方法：非市场方式的命令与控制政策——政府直接管制资源的配置；以市场为基础的规制方式——政府为私人机构提供激励内在化外部性（如纠正性税收和补贴）；科斯定理——交易费用为零或较低条件下的谈判以及交易费用较高条件下的产权界定。

【本节应掌握知识点】
- 外部性的含义及分类
- 外部性条件下市场机制的资源配置失灵
- 针对外部性的微观政策

第三节　公共物品和公共资源

公共物品和公共资源具有非排他性和非竞争性，不能通过市场对其供求进行调节。公共物品的供给也有其成本收益问题，也需要对公共物品的供给进行成本收益分析。提供公共物品和公共资源不以营利为目的，政府应该制定适当的关于提供公共物品和公共资源的政策。

一、公共物品和市场失灵

公共物品不是通过市场调节提供的，这正是它使市场失灵的原因。而是由政府或公共部门提供，或是政府采取有效措施激励私人部门生产和提供，以解决公共物品短缺问题。

公共物品的概念

（一）经济物品的类型

市场中的经济物品有很多类别，可以根据以下两个特点对其进行分类：一是排他性，即是否可以阻止他人使用该物品；二是竞争性，即一个人的使用是否会减少其他人对该物品的使用数量。

（1）私人物品，是指具有高度排他性和高度竞争性的物品。

（2）公共物品，是指在消费中既无排他性又无竞争性的物品。

（3）公共资源，是指具有竞争性但没有排他性的物品。

（4）俱乐部物品，是指在消费上具有高度排他性但不具有竞争性的物品。

习题

【知识点解读】

根据排他性和竞争性的有无及其强弱，经济物品可以分成四种类型，如表8-1所示。

竞争性	排他性	
	有	无
有	私人物品（衣服、食物、家具、拥挤的收费道路）	公共资源（公海中的鱼、环境、拥挤的不收费道路）
无	俱乐部物品（有线电视、无线网络、不拥挤的收费道路）	公共物品（国防、预警系统、不拥挤的不收费道路）

表 8-1　　　　　　　　　　　　四种类型的物品

（二）公共物品的市场供给及其失灵

1. 公共物品的最优市场供给

正如私人物品可以确定最优数量一样，公共物品也可以确定最优数量。

私人物品和公共物品的市场供给

假定社会上只有甲和乙两个消费者。如图 8-6 所示，其各自对某种私人物品的需求曲线分别为 D_A 和 D_B。将消费者甲和乙的需求曲线水平相加，便得到该私人物品的市场需求曲线 D。市场需求曲线 D 与供给曲线 S 相交于 H 点，决定该私人物品供求数量为 Q_0，均衡价格为 P_0。在这个产量水平上，消费者甲和乙的边际利益恰好与生产该物品的边际成本相等，如图 8-6 所示，生产 Q_0 时的边际成本为 $Q_0 H$，消费者甲和乙的需求量分别为 OC 和 OF，根据其各自的需求曲线 D_A 和 D_B，相应的边际利益分别是 CE 和 FG。因为 CE = FG = $Q_0 H$，所以均衡数量 Q_0 是该私人产品的最优数量。

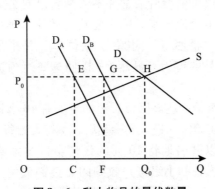

图 8-6　私人物品的最优数量

而公共物品的最优数量又是如何决定的呢？如图 8-7 所示，假定经济中仍然只有两个消费者甲和乙，图中 D_A 和 D_B 仍分别为两个消费者的需求曲线，公共物品供给曲线 S 与由两个消费者的需求曲线垂直相加所形成的市场需求曲线 D 相交，决定公共物品的最优数量和所支付的价格。

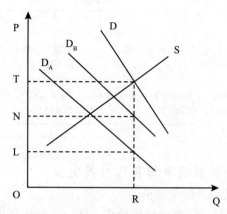

图 8 – 7　公共物品的最优数量

【知识点解读】

与私人物品市场不同的是，在公共物品市场上为从个人需求曲线求得市场需求曲线，不是将个人需求曲线水平相加，而是将它们垂直相加，因为对公共物品的消费具有非竞争性和非排他性的特点，因此，每个消费者都消费一个相同总量的公共物品，而对公共物品支付的价格却是两个消费者各自支付的价格的总和。

2. 公共物品供给中的"搭便车"及其失灵

事实上，上面讨论的公共物品的需求曲线是虚假的，在市场上无法实现。因为单个消费者通常并不清楚自己对公共物品的需求价格，即使知道也不会说出来。因为公共物品的非排他性和非竞争性使公共物品存在"搭便车"问题。"搭便车"是指免费享用具有非排他性的公共物品的行为。显然，"搭便车"行为造成公共物品的供给困境。

公共物品的
市场失灵

以一个思想实验论述该困境。假如班上有 10 名同学组成 1 个小组进入一个思想实验室。进入实验室后，主持人给每个人 10 元零钱，并且每个同学可以匿名地将 10 元的任何金额贡献给小组（公共物品）账户，主持人补贴小组账户收到的总金额数额，即小组账户金额加倍后在 10 人中平分。很显然，要想最大化这个小组的总收益，每个人都应该将 10 元全部贡献出来，这将使得总共可以挣得的现金最大化为 200 元，最后每人获得 20 元。假如其他人贡献自己所有现金，某个体贡献 0 元，他的收益是 28 元，如此，该个体通过"搭便车"，什么也不贡献，比贡献 10 元还多得到 18 元。

【知识点解读】

任何一个消费者消费一单位公共物品的机会成本总为零，这意味着，没有任何消费者要为他所消费的公共物品去与别人竞争，市场不再是竞争的，消费者也尽可能少支付，而通过"搭便车"消费公共物品。如果所有消费者均这样行事，则公共物品的产出远远低于最优数量，甚至为零，市场供给公共物品就失灵了。

二、针对公共物品供给的微观政策

正是公共物品的非竞争性和非排他性使得政府介入公共物品的供给成为必要。政府可以依靠税收来提供公共物品。政府提供公共物品也要按照经济学的成本收益原则。需要应用成本收益分析来确定生产和提供公共物品的数量。如果生产和提供某一数量的某种公共物品的收益大于成本，便可以生产和提供这一数量的该种公共物品；反之，便不能提供这一数量的该种公共物品。

习题

但成本收益分析不仅能表明一项公共工程是否值得兴建，它还能为一项公共工程的建设提供指导，经济问题并非简单地回答"是"或"不是"的问题，而且还要回答提供多少公共物品，有时候是公共物品的规模大小。如图 8-8 所示，D 为社会所有消费者对公共物品的需求曲线，也是公共物品的边际收益曲线，S 为公共物品的供给曲线，也是公共物品供给的边际成本曲线，均衡数量为 $Q_{最优}$，是公共物品供给的边际收益等于边际成本决定的最优数量。

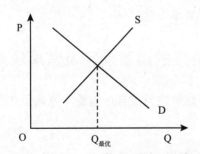

图 8-8 政府对公共物品的最优供给数量

例如，政府计划为一个河谷修建抗洪工程，该公共物品的最优数量就是抗洪工程的规模，其总收益、总成本、边际收益、边际成本如表 8-2 所示。

在本案例中，计划 C——中等水库是最好的计划。虽然计划 A 和计划 B 的边际收益都超过边际成本，但都规模不足，不是最优的选择。计划 D 的边际成本（12000 美元）大于边际收益（7000 美元），但也不宜选择该项计划，因为它把过多的资源配置给这项工程。计划C 最接近最优化的规模，只要边际收益超过边际成本就可扩展防洪工程。

表 8-2　　　　　　　　抗洪工程成本收益分析

(1) 计划	(2) 年总成本	(3) 边际成本	(4) 年总收益 （减少水灾）	(5) 边际收益	(6) 净收益 (4) - (2)
不搞抗洪工程	0		0		0
A. 堤坝	3000	3000	6000	6000	3000
B. 小型水库	10000	7000	16000	10000	6000
C. 中等水库	18000	8000	25000	9000	7000
D. 大型水库	30000	12000	32000	7000	2000

资料来源：C. R. McCOnnell and S. L. Brue：Microeconomics（12th ed.），McGraw - Hill Inc，1993，P. 306.

【知识点解读】

按照经济学的解释，"经济"是同资源应用的效率相联系的。如果政府的计划所获得的边际收益小于同量资源在私人应用的情况下所获得的边际收益，那么就可以提议不要从事这项公共计划。但是，如果收益超过成本，那么，不在该项政府计划上支出，便是"不经济"或是"浪费"。政府"经济"并不意味着使政府支出最小化，而是意味着把资源在私人部门和公共部门之间加以配置，直至不能从进一步的资源再配置中得到净收益。

三、公共资源的过度使用及其解决对策

公共资源具有竞争性但没有排他性，因此公共资源使用中具有较大的外部性。

公共资源的
过度使用

（一）公共资源的过度使用——公地悲剧

假设有一个乡村，村里有一块公共土地（公共资源），村民们在这块土地上放羊。

假设 x_1 表示某个典型村民在公共土地上放养的羊的数量，x_2 表示其余村民在公共土地上放养的羊的数量。市场上对羊的需求符合需求规律，其反需求函数假设如下：

$$P = a - bQ$$

其中，Q 为公共土地上羊的总数量，$Q = x_1 + x_2$；a，b 是常数。

假设村民购买和照看一只羊的成本为 c，用 TR_p 和 MR_p 分别表示典型村民的总收益和边际私人收益。则有：

$$TR_p = P \cdot x_1 = ax_1 - b(x_1 + x_2)$$

$$MR_p = TR_p' = a - bx_2 - 2bx_1 = a - b(Q - x_1) - 2bx_1 = a - bQ - bx_1$$

根据假设，村民购买和照看一只羊的成本是 c，则典型村民私人利润最大化的条件为：

$$a - bQ - bx_1 = c$$

令 $x_1 = \beta Q$（$0 \leqslant \beta \leqslant 1$）。其中，$\beta$ 表示典型村民在公地上放羊的羊的数量占整个公地上羊群数量的比例。将 $x_1 = \beta Q$ 代入上式得到：

$$a - bQ - b\beta Q = c$$

解得公地上实际放养的羊的总量：

$$Q^* = \frac{a - c}{(1 + \beta)b}$$

现在我们再来分析这块土地上最优放养羊的数量。所谓最优放养羊的数量，就是这块土地从整个乡村集体角度发挥其最大价值，即从整个乡村角度其边际收益等于边际成本决定的数量。假设羊的反需求函数仍然为 $P = a - bQ$，购买和照看一只羊的成本仍然为 c。则整个乡村在该土地上放养羊的总收益 TR_s 和边际收益 MR_s，分别为：

$$TR_s = P \cdot Q = aQ - bQ^2$$

$$MR_s = TR_s' = (aQ - bQ^2)' = a - 2bQ$$

根据边际收益等于边际成本的原则有：

$$a - 2bQ = c$$

解得：

$$Q^{**} = \frac{a - c}{2b}$$

现在比较 Q^* 和 Q^{**}，

首先，当 $0 < \beta < 1$ 时：

$$Q^* = \frac{a - c}{(1 + \beta)b} > \frac{a - c}{2b} = Q^{**}$$

这表明在公地上典型村民放养羊的数量是整个数量的一部分时，公地上实际放养羊的数量大于最优放养羊的数量。

其次，当 $\beta = 1$ 时：

$$Q^* = \frac{a - c}{2b} = Q^{**}$$

表明当典型村民放养羊的数量就是整个公地上所有羊的数量（即典型村民拥有公地的放牧权）时，公地上实际放养羊的数量等于最优放养羊的数量。

最后，当 $\beta = 0$ 时：

$$Q^* = \frac{a-c}{b} = 2Q^{**}$$

表明当村民数量很多，每个村民放养羊的数量相对于公地上所有羊的数量小到可以忽略不计时，公地上实际放养羊的数量达到最大，为最优放养羊的数量的 2 倍。

【知识点解读】

当一个理性个体在公共土地上决定自己放养羊的数量时，他仅考虑增加羊的边际私人收益和边际私人成本，而忽略了这样一个事实，即他所增加的羊所导致的其他村民羊的价值下降，即忽略了每一只羊的社会成本（土地资源价值投入的成本）。由于每个人都忽略了增加羊的社会成本，导致公地上羊的放养数量大大增加，公地被过度使用。当公地长期过度使用时会导致"公地悲剧"，即土地退化，公地资源消失。

（二）解决公共资源过度使用的微观政策

1. 管制和征收庇古税

管制就是对公共资源使用按照集体决策规定最优使用数量。征收庇古税就是对每一个使用公共资源的个体按照产出的数量征收一定的比例税。

2. 界定产权

界定产权就是对公共资源的各类权利明确界定给各主体。主要有两种方式：第一，把公地分给各个家庭，每个家庭可以把自己的一块土地用栅栏圈起来；第二，把公地承包给某个体。

【知识点解读】

世界上使用公共资源过度使用的例子很多。解决这些公共资源过度使用的问题，通常有以上两种办法。

【本节应掌握知识点】

- 公共物品与市场失灵
- 针对公共物品供给的微观政策
- 公共资源的过度使用及其解决政策

第四节　信息不完全和不对称

市场经济中存在的信息不完全性在一定程度上影响市场调节经济

的功能，从而造成一定程度的市场失灵。不完全信息表现在经济活动的各个方面，主要表现为由信息不对称而造成的"逆向选择"和"道德风险"。本节讨论的内容包括：信息不完全性和市场失灵，次品市场（以二手车市场为例）和逆向选择，保险市场和道德风险，纠正信息不完全的政策等问题。

一、信息与信息的价值

信息的本来意义是指音信、消息，靠传播媒介传送的情报、资料、图标、录音、录像等。信息论中指用符号传递的报道，报道的内容是接受符号者预先不知道的。市场经济中，有很多内容属于信息，市场均衡价格是信息，每一个个体的决策也是信息，等等。

信息是有价值的，信息的价值体现在信息能减少经济主体的决策风险和失误，从而提高经济主体的预期收益。

二、信息不完全性和市场失灵

在现实经济中，信息常常是不完全的，甚至是很不完全的。信息不完全不仅是指绝对意义上的不完全，即由于认识能力的限制，人们不可能知道在任何时候、任何地方发生的或将要发生的任何情况，而且指"相对"意义上的不完全，即市场经济本身不能够生产出足够的信息并有效配置它们。

习题

在信息不完全的情况下，市场机制有时就不能很好地起作用，信息不完全性造成市场制度不能有效率地运作，即市场失灵。

【知识点解读】

信息不完全性表明，可靠的信息对于生产者和消费者是有代价的。在某些市场上，交易的一方常常比另一方更了解产品。信息不完全性需要交易者付出应用市场的成本，即交易成本，从而使市场活动不能实现帕累托最优状态，即导致市场失灵。

三、信息不对称与市场失灵

信息不对称是指交易双方的不同经济主体对交易对象掌握的信息多少不一样。信息不对称问题也会导致市场无效率。信息不对称分类两类：第一类是隐藏性特征的信息不对称；第二类是隐藏行动的信息不对称。

信息不对称中的
逆向选择

（一）信息不对称中的逆向选择

以二手车市场和医疗保险市场为例分析第一类信息不对称。

在二手车市场上，卖主拥有的私人信息多于买主，由于信息不对称，低质量的二手车把高质量的二手车逐出市场，这就是市场的逆向选择，是一种市场失灵。

在医疗保险市场上，买主的私人信息多于卖主，这种逆向选择也产生很大的无效率，也是一种市场失灵。

信息不对称中的
道德风险

（二）信息不对称中的道德风险

对第二种类型的不对称信息，即一方隐蔽的行为影响另一方的回报，此时存在道德风险。以保险市场为例来分析道德风险，如果人们不需要承担自己行为的成本，那么他们就倾向于冒更多的风险。

道德风险远远不止存在于保险市场，员工偷懒是工作中最明显的道德风险例子。

习题

【知识点解读】

两种类型的信息不对称对市场机制都有负面影响。遭受市场失灵影响的人不仅包括有着信息劣势的人，也包括那些拥有额外信息的人。

四、针对信息不完全和不对称的微观政策

习题

（一）信息传递

无论是信息不完全还是信息不对称，信号传递都能够减轻市场失灵的程度。信号传递的第一种办法是建立第三方认证市场，第二种办法是保修。

（二）效率工资

经济学领域已经有较多成熟方案来减弱道德风险，效率工资就是一个好的方案。效率工资是指高于工人所愿意接受的最低水平的工资。

（三）风险共担

在保险市场上减少道德风险，典型的做法是让投保人置身其中，

让他们承担一部分风险成本。主要有免赔额、定额手续费和共同保险三种做法。

【知识点解读】

纠正政策并不能解决所有的信息不完全和不对称问题。在这种情况下，政府有必要在信息方面进行干预和调控，其目标是保证经济活动者（消费者和企业）获得充分而准确的信息，增加市场的"透明度"。

【本节应掌握知识点】

- 信息与信息的价值
- 信息不完全与市场失灵
- 信息不对称与市场失灵
- 针对信息不完全和不对称的微观政策

第五节　收入分配中的不平等

收入分配是经济社会所要解决的三个基本问题之一：为谁生产的问题。人们作为生产要素的所有者应该从社会生产中获得多少收入份额，取决于他们各自拥有的生产要素在社会生产中的贡献。一定的收入分配格局，总是体现各种生产要素在社会生产中贡献的结构。从这个意义上说，收入分配应该是合理的、公平的。但是，在市场经济中毕竟存在收入分配极为不均、贫富差距过大的状况，从人们作为平等的社会成员的角度说，这种极不平等的收入分配状况，是不能容忍的，因此是不合理的、不公平的，也可以把收入分配不平等看作是市场调节的弊端。关键问题是如何处理效率和公平的关系。

收入分配中的
不平等

一、初次收入分配及其不平等

根据微观经济学的收入分配理论，要素的第一次分配按照边际生产力原则。要素的丰度以及生产力的差别会导致要素收益出现差别。不同所有者对物资要素所有数量的差别，也会导致初次收入分配出现差别。在私有制条件下，收入差别又沉淀为财产差别。在市场经济中，收入差别和财产差别交互在一起具有"马太效应"，导致富者更

习题

富、穷者更穷。而且这种差距还会出现代际传递，加剧收入分配的不平等。

【知识点解读】

在市场经济条件下，初次收入分配主要是通过市场机制形成的。西方经济学家论证了市场经济中收入分配不平等现象的存在。

二、收入分配不平等的度量

（一）洛伦兹曲线

习题

可以根据美国不同家庭的收入状况，对收入分配不平等问题做一些分析。在这里，把美国家庭总数按其收入水平划分为同样规模的 5组，考察每组家庭收入占总收入的百分比。1929～1991 年所选年份各组家庭收入占总收入的百分比，如表 8-3 所示。

表 8-3　　　　1929～1991 年所选年份美国各类家庭组
收入占总收入的比重　　　　单位：%

年份	最低收入家庭（1/5）	次低收入家庭（1/5）	中等收入家庭（1/5）	次高收入家庭（1/5）	高收入家庭（1/5）
1929	3.5	9.0	13.8	19.3	54.4
1947	5.0	11.9	17.0	23.1	43.0
1957	5.1	12.7	18.1	23.8	40.4
1967	5.5	12.4	17.9	23.9	40.4
1977	5.2	11.6	17.5	24.2	41.5
1987	4.6	10.8	16.9	24.1	43.7
1991	4.5	10.7	16.6	24.1	44.2

资料来源：W. A. McEachern：Microeconomies：A Contemporary Introduction（3rd Edition）. College Division South – Western Publishing Co.，1994，P. 470.

美国的收入分配不平等情况如此，诸如英国、法国、德国、意大利、日本、加拿大、澳大利亚等发达国家也莫不如此。在许多发展中国家，例如印度、巴西、土耳其、墨西哥等国家，收入分配不平等情况更甚，一半或一半以上的收入进入占人口 20% 的富人腰包。

洛伦兹曲线是用以描述收入分配状况（平等或不平等程度）的曲线，如图 8-9 所示。首先将家庭按照收入从低到高进行排列，横轴按照家庭收入从低到高累积家庭数量百分数，纵坐标显示随着家庭数量百分数的累积，收入累积的情况。

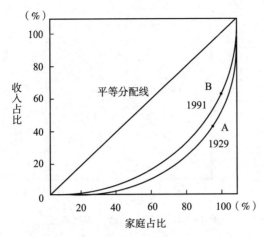

图 8 – 9　洛伦兹曲线：1929 年和 1991 年

　　如果收入是平等分配的，家庭的百分比就将等于收入的百分比，这种情况下，洛伦兹曲线便为一条斜率等于 1 的直线。

　　在收入不平等的情况下，洛伦兹曲线是一条向右远离平等分配线的曲线，距离平等分配线越远，收入分配越不平等。

【知识点解读】

　　从理论上看，当收入最不平等时，洛伦兹曲线为底边加右边组成的折线，表示前面所有较低收入的家庭累积起来获取的收入占全社会总收入的百分比为零，最后一个最富裕的家庭占据全社会所有收入。

（二）基尼系数

　　基尼系数是根据洛伦兹曲线推导出来的表示社会中收入分配不平等程度的系数，其计算公式为：

$$G = \frac{A}{A + B}$$

　　式中，G 为基尼系数，A 为平等分配曲线与洛伦兹曲线之间的面积，B 为洛伦兹曲线与折线之间的面积。如图 8 – 10 所示，该式的含义是，基尼系数决定于两者的面积，与 A 成正比，而与 B 成反比，其取值范围为 0 ~ 1，或者换一种表示方法，为 0 ~ 100%。如果 G = I，就表明收入分配绝对不平等，全部收入为一人所有，其他人的收入为零，这是一种极端的情形，是不存在的。如果 G = 0，则表明收入分配绝对平均，人们的收入没有任何差别，这是另一种极端的情形，也是不存在的。

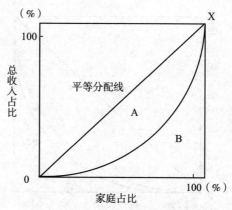

图 8-10 洛伦兹曲线与基尼系数

一国基尼系数的一般情形是介于 0 和 1 之间。如果其基尼系数接近于 1，就说明该国的收入分配趋向于越来越不平等；如果其基尼系数接近于 0，就说明该国的收入分配趋向于越来越平等。

【知识点解读】
基尼系数计算公式的含义是，它决定于两者的面积，与 A 成正比，而与 B 成反比。

三、收入再分配政策

习题

为改善收入分配不平等的状况，发达国家通常实行收入再分配政策。以美国为例，其收入再分配政策包括以下两个方面：社会保障制度和收入援助计划。

【知识点解读】
美国的社会保障制度和收入援助计划并不能从根本上解决贫困问题，其作用是极其有限的，最多只能缓解贫困问题。

【本节应掌握知识点】
● 洛伦兹曲线
● 基尼系数
● 收入再分配政策

本章练习题

一、单项选择题

1. 市场失灵是指（　　）。

A. 在私人部门和公共部门之间资源配置不均

B. 不能产生任何有用成果的市场过程

C. 以市场为基础对资源的低效率配置

D. 收入分配不平等

单项选择题解析

2. 在不完全竞争市场中出现低效率的资源配置是因为产品价格（　　）边际成本。

A. 小于
B. 大于

C. 等于
D. 可能不等于

3. 为了提高资源配置效率，政府对竞争性行业厂商的垄断行为（　　）。

A. 是限制的
B. 是提倡的

C. 不管的
D. 有条件地加以支持的

4. 某个厂商的一项经济活动对其他厂商产生的有利影响，我们把这种行为称作（　　）。

A. 生产的外部不经济
B. 消费的外部不经济

C. 生产的外部经济
D. 消费的外部经济

5. 某人的吸烟行为属于（　　）。

A. 生产的外部经济
B. 消费的外部经济

C. 生产的外部不经济
D. 消费的外部不经济

6. 公共产品的产权是属于社会，而不属于任何个人是指它的（　　）。

A. 排他性
B. 非排他性

C. 竞争性
D. 非竞争性

7. 当人们无偿地享有了额外收益时，称作（　　）。

A. 公共产品
B. 外部不经济效果

C. 交易成本
D. 外部经济效果

8. 下列（　　）是公共物品适合的定价方法。

A. 市场供给与需求共同决定

B. 由消费者共同决定

C. 免费

D. 成本—收益分析方法

197

9. 科斯定理的一个局限性是（　　）。

A. 产权归属影响市场结果

B. 交易成本低的时候无效

C. 市场选择无效率

D. 当交易成本很高时不成立

10. 卖主比买主知道更多关于商品的信息，这种情况被称为
（　　）。

A. 信息不对称问题　　　　　　B. "搭便车"问题

C. 道德陷阱　　　　　　　　　D. 逆向选择

二、多项选择题

1. 形成市场失灵的主要原因有（　　）。

A. 垄断　　　　　　　　　　　B. 不完全信息

C. 科斯定理　　　　　　　　　D. 外部性

E. 公共物品

2. 一般来说，垄断存在的缺点包括（　　）。

A. 缺乏效率

B. 缺乏公平

C. 与完全竞争或垄断竞争相比，产品价格高，产量低

D. 与完全竞争或垄断竞争相比，产品价格低，产量高

E. 利润低

3. 解决外部性的对策有（　　）。

A. 征税　　　　B. 补贴　　　　C. 企业合并　　　D. 提高利率

E. 明确产权

4. 市场不能提供纯粹的公共物品是因为（　　）。

A. 公共物品不具有竞争性

B. 公共物品不具有排他性

C. 有的消费者不需要公共物品

D. 公共物品具有排他性

E. 消费者都想"免费搭车"

5. 买卖双方信息不对称是指（　　）。

A. 卖方故意隐瞒有用信息

B. 买方的认知能力有限

C. 完全掌握信息的成本昂贵

D. 以上都有可能

6. 下面不产生外部性的有（　　）。

A. 一个消费者吃一条巧克力

198

B. 一个企业向空气中排放污染物

多项选择题解析

C. 一个家庭主妇铲掉自家院子的雪

D. 一个人在一个封闭环境里吸烟

E. 一个养蜂人的蜜蜂给邻居的果树授粉

7. 外部性可以分为（　　）。

A. 生产的外部经济　　　　　　B. 生产的外部不经济

C. 消费的外部经济　　　　　　D. 消费的外部不经济

E. 政府的外部经济

8. 公共物品的基本特征包括（　　）。

A. 竞争性　　　B. 非竞争性　　　C. 排他性　　　D. 非排他性

E. 竞争性与非竞争性

9. 科斯定理（　　）。

A. 表明外部性问题的根本原因是产权制度的不合理

B. 重视"看不见的手"的作用，把外部性问题纳入市场机制之中，使外部性具有相应的价格

C. 是指通过产权制度的调整，将商品有害的外部性内部化，从而将有害外部性降低到最低限度的理论

D. 是指通过产权制度的调整，将商品有益的外部性内部化，从而将有益外部性提高到最高限度的理论

E. 重视"看得见的手"的作用，把外部性问题纳入政府宏观调控之中

10. 洛伦兹曲线与基尼系数的关系为（　　）。

A. 洛伦兹曲线的弯度越大基尼系数越大

B. 洛伦兹曲线的弯度越大基尼系数越小

C. 洛伦兹曲线的弯度越小基尼系数越小

D. 洛伦兹曲线的弯度越小基尼系数越大

E. 洛伦兹曲线与基尼系数没关系

三、判断题

1. 由于垄断会使效率下降，因此任何垄断都是要不得的。

（　　）

2. 公共物品的生产决策与私人物品的生产决策一样由市场经济的运行规则决定。　　　　　　　　　　　　　　　（　　）

判断题解析

3. 某一活动存在外部经济是指该活动的私人利益小于社会利益。

（　　）

4. 保险市场和二手商品市场上存在的事后的信息不对称，将导致逆向选择问题。　　　　　　　　　　　　　　　（　　）

5. 基尼系数越大，说明国家收入分配越平等；基尼系数越小，说明国家收入分配越不平等。　　　　　　　　　　（　　）

6. 逆向选择都是由事先的信息不对称性引起的。 （ ）

7. 甲、乙两国的基尼系数分别为 0.1 和 0.2，那么甲国的收入分配要比乙国平等。 （ ）

8. 交易费用为零在现实中是不存在的。 （ ）

9. 一个购置了财产保险的人不再担心自己的财产安全，其行为属于逆向（不利）选择。 （ ）

10. 信息不完全是现实经济活动的重要特征，它是信息不对称的一种典型情况。 （ ）

四、分析题

分析题解析

1. 什么是市场失灵？垄断是如何造成市场失灵的？对策有哪些？

2. 环境保护、义务教育、基础科学研究、应用技术研究、电影、有线电视中，哪些物品是公共物品？哪些是私人物品？并说明理由。

3. 以下各种活动哪些会带来负外部性，哪些会带来正外部性，为什么？

（1）群众在居民小区扭秧歌；

（2）老式蒸汽机火车通过农田时，灰尘对农作物不利；

（3）私人开办以营利为目的的私立学校；

（4）购买私人汽车。

4. 什么是科斯定理？一些西方经济学家为什么会认为规定产权办法可解决外部影响问题？

5. 举例说明信息不对称是如何导致市场失灵的？对策有哪些？

五、计算题

计算题解析

1. 设一产品的市场需求函数为 $Q = 500 - 5P$，成本函数为 $C = 20Q$。试问：

（1）若该产品为一垄断厂商生产，利润最大时的产量、价格和利润各为多少？

（2）要达到帕累托最优，产量和价格应为多少？

2. 假定一个社会由 A 和 B 两个人组成。设生产某公共物品的边际成本为 120，A 和 B 对该公共物品的需求分别为 $QA = 100 - P$ 和 $QB = 200 - P$。

（1）该公共物品的社会最优产出水平是多少？

（2）如该公共物品由私人生产，其产出水平是多少？

3. 假定某个社会有 A、B、C 三个厂商。A 的边际成本为 $MC = 4qA$（qA 为 A 的产出），其产品的市场价格为 16 元。此外，A 每生产一单位产品使 B 增加 7 元收益，使 C 增加 3 元成本。

（1）在竞争性市场中，A 的产出应是多少？

（2）社会最优的产出应是多少？

4. 设某企业的成本函数为 $C = Q2 - 40Q$。它每生产 1 单位产品，自己可多得 12 元，整个社会可再多得 4 元。试问：

（1）该企业的利润最大化产量是多少？

（2）整个社会的帕累托最优产量是多少？

5. 假设有 10 个人住在一条街上，每个人愿意为增加一盏路灯支付 4 美元，而不管已提供的路灯数量。若提供 X 盏路灯的成本函数为 $C(X) = X^2$，试求最优路灯安装数。

六、论述题

1. 设某个人采取某项行动的私人利益和私人成本分别为 Vp 和 Cp，该行动所产生的社会利益和社会成本分别为 Vs 和 Cs。试用这些符号说明：

论述题解析

（1）外部经济的情况。

（2）外部不经济的情况。

（3）帕累托最优状态不能实现的情况。

2. 对污染的控制是否越严越好？

参 考 文 献

［1］马克思主义理论研究和建设工程西方经济学：下册．第二版［M］．北京：高等教育出版社，2019.

［2］高鸿业，等．西方经济学：微观部分．第八版［M］．北京：中国人民大学出版社，2021.

［3］董长瑞，等．微观经济学：第四版［M］．北京：经济科学出版社，2014.

［4］哈尔·R．范里安．微观经济学：现代观点．第九版［M］．上海：格致出版社，上海三联书店，上海人民出版社，2015.

［5］平狄克，鲁宾菲尔德．微观经济学：第七版［M］．北京：中国人民大学出版社，2009.

［6］王立平，等．微观经济学学习指导［M］．北京：经济科学出版社，2016.

［7］丛屹．西方经济学学习指导与精粹题解［M］．北京：清华大学出版社，2019.

［8］文建东，等．《西方经济学》精要与案例解析［M］．北京：高等教育出版社，2019.

［9］张顺，等．微观经济学习题集：第三版［M］．北京：中国人民大学出版社，2021.

［10］钟根元，等．中级微观经济学学习指南［M］．上海：上海交通大学出版社，2012.